Wollen wir ein selbst verantwortetes Leben führen, oder von Staat und Wirtschaft wie Kinder gelenkt, versorgt, beaufsichtigt und bevormundet werden?

Besonderer Dank gilt meinem **Unterstützer** und **Lektor**: **H.O.**

Dank auch an P. Pennartz und P. Craemer für kritische Reflexionen zu dem Buch.

(2. Auflage : 10.9.2020)

Kleine literarische Einleitung

Nachdem ich lange Zeit in Deutschland in Frieden, weitgehender Freiheit und Sicherheit leben konnte, stellte sich seit zwei Jahrzehnten ein großes Unbehagen ein. Mehr und mehr wurde ich gezwungen, die gesellschaftliche Entwicklung und die Veränderung der Menschen und ihrer Art zu leben, kritisch zu sehen. Im Laufe der Corona-Krise wurden aus Befürchtungen Vermutungen und Gewissheiten. Es scheint mir angebracht zu sein, erst von einer schleichenden dann aber beschleunigten Transformation der deutschen Gesellschaft zu sprechen.

Auf den nächsten 200 Seiten werde ich versuchen, Ihnen zu erläutern, was ich darunter verstehe, und ich hoffe Ihnen einige Mechanismen aufzuzeigen, wie das geschieht.

Um Ihnen das zu Beschreibende bildhaft etwas näher zu bringen, werde ich Ihnen zuerst eine kleine, wahre Geschichte von „Jerry", der Maus, erzählen.

Diese kleine Maus wurde für einige Zeit Gast auf meinem Balkon, weil ich sie aus den Klauen meiner Katze, „Tante Mo", gerettet hatte. Auf dem Balkon stand noch ein alter Käfig, in dem ich vor einiger Zeit noch Mäuse als Haustiere gehalten hatte. Doch diese hatten sich eines Tages in meiner Wohnung selbstständig gemacht und so fleißig vermehrt, dass als Rettung nur das Anschaffen einer Katze geblieben war. Diese war, trotz des Harmlosigkeit suggerierenden Namens, eine fleißige Jägerin und nach einigen Tagen gab es keine Mäuse mehr in der Wohnung und auf dem Balkon. Doch damit endete die Jagdleidenschaft von „Tante Mo" nicht und sie schleppte immer wieder Mäuse zum Spielen und Fressen in die Wohnung. Einer dieser Mäuse, die ich aus ihren Klauen retten konnte, war „Jerry", den ich zur Erholung von dem Beinahe-Tod in den Käfig auf dem Balkon setzte. Dort erholte er sich prächtig, denn er bekam eine Rundum-Versorgung und war dort vor allen Gefahren, vor allem vor dem Monster, namens „Tante Mo" sicher. Dort lebte Jerry dann einige Wochen, bis er anfing, systematisch an den Metallgitterstäben zu kratzen; er wollte hinaus. Und da ich gleichzeitig an diesem Buch arbeitete, in dem es vor allem um Freiheit geht, konnte ich seinen Wunsch nicht abschlagen. Eines nachts, als meine Katze irgendwo anders auf der Jagd war, öffnete ich die Käfigtür. „Jerry" hatte nun folgende Alternativen: Einmal konnte er einfach in dem Käfig in Sicherheit und mit bester Versorgung bleiben. Die zweite Möglichkeit wäre gewesen, dass er hin und wieder in aller Vorsicht den Käfig verlässt und dann aber wieder in sein kleines Paradies zurückkehrt. Die dritte Alternative wäre, den Käfig vorsichtig zu verlassen und nie mehr in den Bereich dieses seltsamen Zweibeiners und dieses Ungeheuers zurückzukehren. Was denken Sie, wie Jerry sich entschieden hat?

Er entschied sich so, wie sich wohl alle wilden Tiere entscheiden würden, er wählte ein gefährliches, unsicheres Leben in Freiheit, ohne Wiederkehr.

Bezieht man das auf die Transformationsproblematik, muss man sich vorstellen, ein heutiger Mensch sei in einer analogen Situation. Ein Mensch, der noch von keiner gesellschaftlichen Transformation erfasst wäre, würde dasselbe machen wie Jerry. Ein Mensch in der 1. Stufe der

Transformation würde kleine Ausflüge in die Freiheit machen, trotz Gefahr und Unsicherheit. Ein Mensch, der sich in der zweiten Transformationsstufe befindet, würde die Türe offenhalten, sich aber nicht mehr aus dem sicheren Bereich hinauswagen. Doch er hätte immer noch die Illusion, die Hoffnung oder sogar das förmliche Recht, wenn er wolle, dann könnte er es ja. In der Endphase der Transformation schließt der Mensch die Tür selbst.

Die Coronakrise zeigt, dass es bei Menschen ausreicht, ein imaginäres Monster in Form eines angeblichen oder tatsächlichen Killervirus zu kreieren, um Bürger dazu zu bringen, sich selbst einzuschließen.

Der Käfig, in dem Menschen eingeschlossen werden oder sich selbst einschließen, besteht aber nicht nur aus Türen und Mauern, sondern bekommt immer mehr die Form eines inneren Gefängnisses und nach außen immer mehr einen digitalen Charakter.

Natürlich hat dieses Buch die Hoffnung und den Anspruch durch Aufklärung ein wenig zu helfen, dass Mensch und Gesellschaft nicht in die letzte Stufe der Transformation gelangen. Ob mir dies gelingen wird, ist sehr unsicher, aber ein Versuch ist es sicherlich wert, denn es geht um das Kostbarste, das die Natur bisher hervorgebracht hat: den freien, selbst gesteuerten Menschen.

Persönliche Einleitung

Ich wurde 1950 in Deutschland geboren und im Nachhinein stellte sich das als ein großes Glück heraus. Ich verbrachte die prägenden Jugendjahre genau in den 15 Jahren, die sicher die besten des letzten Jahrhunderts waren. Als Mitte der 60iger die Jugendbewegung losging, war ich in der Endphase der Pubertät, also im besten Alter für den nun nicht mehr nur persönlichen Wunsch nach mehr Freiheit und Selbstbestimmung. Dazu entstand eine bisher ungehörte Form von Musik, die zu so etwas wie einer Fanfare der persönlichen Befreiung wurde. Wer wäre in späteren Generationen nicht stolz darauf, in den Zeiten gelebt zu haben, als die Beatles, die Stones und unzählige andere Bands im Abstand von oft nur wenigen Wochen die besten Stücke mit den unglaublichsten Texten durch den Äther jagten. Für uns 60iger war die Befreiungsbewegung anfangs keine wirklich politische Bewegung. Das ist auch ein Grund dafür, dass ich mich nicht als 68iger bezeichne, sondern ganz bewusst als 60iger. Es ging mir und sehr vielen meiner Altersgenossen vor allem um so etwas wie lange Haare, das Recht sich anders zu kleiden, andere Musik zu hören und um den Widerstand gegen Autoritäten, die meinten ihre Ansichten nicht begründen zu müssen. Uns 60igern ging es um individuelle Freiheit! Es gab einen kleinen Aufstand gegen Eltern, Ausbilder, Lehrer und Professoren, der eine Menge kleinerer und größerer Konflikte produzierte, aber auch Spaß machte. Erst an der Universität wurde die Bewegung dann immer politischer, vor allem durch den

Vietnamkrieg, die ersten großen Veröffentlichungen über die Greuel des Holocausts im Rahmen der Auschwitz-Prozesse, den von der Großen Koalition geplanten Notstandsgesetzen und der Aufklärung über die Durchseuchung der Gesellschaft mit alten Nazis in allen wichtigen Institutionen. In der Regel war die daraus aufflammende politische Kritik von einer linken Ideologie getragen. Ich teilte deren Antipathien gegen die Macht der Konzerne und gegen die Politik der Amerikaner. Doch ich weigerte mich, meine neue Freiheit einer autoritären Ideologie unterzuordnen. Dieser Konflikt verschärfte sich durch die Aktivitäten der RAF und ihrer Morde. Ich wusste, dass diese Leute aus demselben Nest kamen wie ich, aber mir war klar, dass ich mir von niemandem, auch nicht von einer im Prinzip sympathischen linken Ideologie, die Freiheit des Denkens verbieten lassen würde. Das Ende der RAF war dann so etwas wie ein trauriges Kapitel von ehemaligen Brüdern, die auf den falschen Weg des autoritären, gewalttätigen Widerstandes geraten waren.

Auch in diesen Zeiten der frühen 70iger Jahre ging es mir und den meisten 60igern immer noch vorrangig um Befreiung von unnötigen Lebenseinschränkungen und um Selbstverwirklichung. Da sich viele Frauen auch auf den Weg der Emanzipation gemacht hatten, passte das sehr gut zu meinen Bedürfnissen als junger Mann, der sich in das Abenteuer Leben stürzen wollte. Man bedenke, die Emanzipation der Frau war damals nicht direkt gegen die Männer gerichtet. Der Kampf um Befreiung war ein Anliegen beider Geschlechter. Doch mit der Zeit verhärteten sich die Positionen immer mehr und Männer wurden für radikale Emanzen generell zum Feindbild.

Doch bleiben wir noch ein wenig bei der „guten alten Zeit". Mir gelang es mit viel Freude, Leidenschaft und auch sozialem Engagement das Leben eines 60igers bis ins Alter durchzuhalten. Ich tat meinen Dienst an der Gesellschaft wie die meisten anderen in Form eines Berufes, bei mir als Gymnasiallehrer, lebte aber bis Mitte der 90iger in einer Wohngemeinschaft und verfolgte neben meiner beruflichen Arbeit die verschiedensten Kunstprojekte und schrieb mich immer wieder zu Studien an der Uni ein (Philosophie, Geschichte, Physik). Ich lebte in einem Loft am Rande des Bürgerlichen und fühlte mich in der Außenseiter-Rolle ganz wohl. Da mich die Mächtigen in Ruhe mein 60iger-Leben führen ließen, interessierte ich mich für Politik nicht besonders, hatte aber weiterhin eine starke Distanz gegenüber diesen Krawattenträgern der Kohl-Administration und empfand anfangs eine große Sympathie für die Grünen, die offensichtlich zumindest vom Habitus her vieles vom Gedankengut der 60igern in die offizielle Politik transportierten.

Doch die Zeiten haben sich geändert.

Heute sind die Grünen eine etablierte, bürgerliche Partei, die die Hoheit über korrektes Denken und Handeln beansprucht und für die Freiheit vor allem die Freiheit der Gleichgesinnten ist. Aus den 68igern wurde zu großen Teilen eine selbstgefällige, rechthaberische, neue Bürgerschicht, die oft intoleranter und spießiger daherkommt, als es die 50iger-Generation war.
Dann veränderte die Digitalisierung der Technik ab den 90igern nicht nur die technischen Möglichkeiten der

Erfassung von Welt, sondern auch die Kommunikation der Menschen untereinander und die konkrete Art der Lebensführung. Und das führte dazu, dass sich die gesamte Phänomenologie der Gesellschaft veränderte. Viele sehen die Zeit um 1990 als den entscheidenden Wendepunkt an. Es war die Zeit, als die ersten PCs sich den Weg in die Büroetagen und Privaträume bahnten und es war die Zeit, als der Kalte Krieg mit der deutschen Wiedervereinigung zu einem vorläufigen Ende kam. Mit dem Zusammenbruch der Sowjetunion verschwanden im Westen fast alle Zweifel und Zweifler an der Überlegenheit der kapitalistischen Marktwirtschaft. Der japanische Politologe Francis Fukuyama behauptete gar das Ende der Geschichte und eine neoliberalistische Version der Marktwirtschaft galt als alternativlos. In der Kombination mit der Globalisierung entstand daraus der Turbo-Kapitalismus der heutigen Zeit (2020). Die deutsche Mark wurde als Preis für die Wiedervereinigung aufgegeben, die Deutsche Bundesbank verlor mehr und mehr die Möglichkeit, die deutsche Wirtschaft durch Geldpolitik zu steuern. Die Osterweiterung der EU und vor allem der Nato brachte neue Konflikte mit Russland. Als Reaktion auf die Merkelsche Migrantionspolitik erstarkten die Rechten. Selbst moderate Kritik an der Asylpolitik führt im Deutschland des Jahres 2020 immer wieder zu der Unterstellung von Rassismus und Nazismus, davon betroffen nicht nur demokratisch gewählte Abgeordnete der AFD. Banker, die zu Zockern geworden sind, werden mit Staatsmilliarden vor dem Bankrott gerettet (Finanzkrise 2008). Verschuldete Staaten der EU werden widerrechtlich (siehe: Maastricht-Vertrag) mit Mitteln der EZ (Griechenlandkrise) gerettet.

Junge Menschen werfen uns vor, dass wir ihre Zukunftsgrundlagen zerstört haben („Fridays for Future"). Immer mehr Menschen geraten in Armut. Immer häufiger kann man ältere Menschen beobachten, die Mülleimer nach Leergut durchwühlen. Vor den Essenstafeln warten Schlangen bedürftiger Menschen (Zur Zeit sind 1,6 Millionen Menschen von dieser Hilfe abhängig). Wir sprechen hier von den Menschen, die den Wohlstand Deutschlands erarbeitet haben. Finanzmanager bekommen wieder Boni-Zahlungen in Millionen-Höhe. Viele islamische Jugendlichen gehorchen willfährig ihren Predigern, wodurch das Irrationale in der Gesellschaft zunimmt. Die Menschen werden intoleranter und gestresster, was sich auch in der Verrohung des Umgangs vor allem in den sozialen Medien zeigt. Das Autofahren ist keine Freude mehr, sondern meist nur ein Faktor, der das Unbehagen vergrößert. Die Autoindustrie zeigte im Dieselskandal, dass ihr angeblicher Einsatz für umweltfreundlichere Autos eine Mogelpackung war. Die Bürokratie und Überregulierung des Einzelnen nimmt immer mehr zu, während für die wirtschaftlichen und politischen Rahmenbedingungen weiterhin der Liberalismus oberste Leitlinie ist. Privatisierungen, oder Teil-Privatisierungen wie bei der Bundesbahn, führen zu für Deutschland vormals untypischer Unzuverlässigkeit und Unpünktlichkeit. Der Brexit zeigt, dass ganze Länder nicht mehr davon überzeugt sind, dass es sinnvoll ist, die eigene Souveränität für ein schwer zu leitendes Gebilde wie die EU aufzugeben. Die englische Bevölkerung wird als verführt und skurril, im Sinne von unzurechnungsfähig dargestellt. Überall wird unser Verhalten von Kameras überwacht und Gruppen von Ordnungshütern sind Tag und Nacht unterwegs, um unser Verhalten vor allem im Autoverkehr zu sanktionieren. Selbst im öffentlichen Fernsehen und Rundfunk werden wir mit immer mehr Werbung belästigt. Auf den Straßen finden sich neben kommerzieller Werbung Plakate, mit denen wir von staatlichen Organisationen zu einem bestimmten Verhalten erzogen werden sollen. „Zeit der Zärtlichkeit......Benutzt Kondome" oder „Wenn´s im Schritt juckt,.....Lass dich untersuchen." Im Internet sammeln kommerzielle Firmen unsere Daten, um uns mit personalisierter Werbung zum Kaufen zu animieren und uns berechenbarer zu machen. Will man sich durch Presse oder Nachrichtensendungen wie von ARD und ZDF informieren, muss man mehr darauf achten, was nicht gesagt wird, als auf das, was gesagt wird. In manchen, gerade von Menschen mit Migrationshintergrund bevölkerten Stadtvierteln, gibt es weitgehend rechtsfreie Räume. Die Bundeswehr ist auf einmal an Kriegen außerhalb ihres Territoriums beteiligt. Der amerikanische Präsident Trump distanziert sich von Europa und vor allem von Deutschland. Patriotismus statt Globalisierung gibt er als die neue Parole in einer Rede vor der UNO aus und handelt danach. Die etablierten Parteien, die für „2015" verantwortlich waren, vertreten 2020 auf einmal mit fester Überzeugung genau diesen Standpunkt der kontrollierten Einwanderung, der „2015" noch zum Vorwurf des Rassismus geführt hatte. Die Stimmung auf den Straßen wird immer gereizter. Es gibt rechtsradikale Terrorakte. Bei den Jugendlichen gibt es mit „Fridays for Future" den Ansatz einer neuen Jugendbewegung, auf der anderen Seite ist das Verhalten der meisten Jugendlichen immer gleichförmiger und angepasster geworden. Hass zwischen Autofahrern und Fahrradfahrern. Manche scheinen die Rache der Natur durch die Klimakatastrophe geradezu herbeizuwünschen. Zukunftsfreude ist einer Untergangsstimmung gewichen. Viele verbringen in Deutschland die meiste Zeit, sei es im Beruf, sei es in der Freizeit, vor Bildschirmen der unterschiedlichen Art. Der KI-Computer Alpha-Go-Zero besiegt den besten Go-Spieler und findet im Schachspiel keine menschlichen Gegner mehr. Im Verlauf der Corona-Pandemie erkennt man in Deutschland auf einmal, dass die globale Abhängigkeit auch eine Gefahr bedeutet und dass so etwas wie nationale Souveränität, wenn auch nur in Form der Verfügbarkeit von Schutzkleidung für medizinisches Personal, nötig ist.

Ich denke, die Aufzählung reicht an dieser Stelle erst einmal.

Es ist so, als würde man plötzlich aufwachen und merken, dass man in einer anderen Epoche gelandet ist und mit einem großen Unbehagen auf einmal befürchten muss, dass sich Alles in die falsche Richtung bewegt. Auf einmal fällt es einem schwer zu glauben, dass die Zukunft noch einmal eine so schöne, im Prinzip friedliche, lustvolle und optimistische sein wird, wie es die Jahre zwischen 1950 und 2000 in Deutschland waren. Auf einmal ist man sich nicht mehr sicher, dass wir auch in der Zukunft in einer Republik leben werden, in der Freiheit und Individualismus gewahrt werden können. Auf einmal hat man den Verdacht, man habe sich selbst getäuscht, als man annahm, dass in unserer Republik Freiheit das höchste Gut sei. Auf einmal glaubt man zu erkennen, dass

Freiheit eigentlich nur Marktfreiheit bedeutete und die Freiheit der Mächtigen. Auf einmal schleicht sich der Gedanke ein, dass wir vielleicht im Begriff sind, zu so etwas wie einem Ameisenstaat zu werden, in der der Einzelne sein Handeln primär auf das Wohl des Staates ausrichten soll.

Ich denke, wenn eine andere Intelligenz aus dem Weltraum heraus unsere Welt betrachten würde, und diese Wesen auch Ameisen- und Termitenvölker kennen, dann würden sie wahrscheinlich annehmen, dass es sich bei unseren Gesellschaften um besonders effektive, erfolgreiche Formen von Ameisen-Völkern handle. Sie würden dann wahrscheinlich annehmen, dass der Erfolg dieser Gesellschaften von der guten staatlichen Organisation abhänge. Und sie würden allenfalls auf den zweiten Blick erkennen, dass der Erfolg dieser merkwürdigen Rasse der Menschen von Individualismus und von der Freiheit der Einzelwesen abhängig ist. Genau diese einzelnen Wesen, die uns ja auch nicht interessieren, wenn wir einen Ameisenbau betrachten, die würden die außerirdischen Beobachter wohl anfangs auch nicht für besonders wichtig halten. Doch dass würde nur solange gelten, bis sie feststellen, dass die Macht unserer Spezies auf technischem Fortschritt beruht und dieser Fortschritt nur dadurch möglich ist, dass einzelne Individuen aus dem normalen Denken ausscheren und neue Ideen, unternehmerische Aktivitäten und neue wissenschaftliche Theorien entwickeln. Noch einmal: Der menschliche Fortschritt beruht in erster Linie auf Individualismus und Freiheit. Doch genau diese Werte scheinen mir in den letzten Jahrzehnten immer mehr gefährdet zu sein. Dies liegt nicht daran, dass sich eine Diktatur dunkler Mächte anbahnt, die Individuen wieder zu Untertanen machen wollen. Meiner philosophischen Position nach gehe ich davon aus, dass es zwar Personen, Konzerne und Institutionen gibt, die daran tatsächlich ein Interesse haben, doch auch die können nicht so stark sein, ein ganzes System in eine andere Ebene zu transformieren. Das, was ich als Transformation bezeichne und real befürchte, ist etwas, was sich quasi von alleine entwickelt. In meinen Worten entwickeln sich aus den Wechselwirkungen der wichtigen Faktoren in einer Gesellschaft dann Attraktoren, die das gesamte System auf bestimmte Punkte zustreben lassen. Und genau dies werde ich versuchen, in diesem Buch etwas genauer zu beschreiben. In einer Gesellschaft kommt es immer auf das Verhältnis von Individuum und dem Ganzen an. Das heißt für mich, ich werde versuchen, sowohl die Entwicklung der Individuen zu beschreiben als auch die staatlichen Strukturen in der Gesellschaft, die damit wechselwirken.

Erleben wir gerade eine Zeit, in der sich das Verhältnis von Gesellschaft und Individuum radikal verändert? Entwickelt sich der Staat gerade zu einem Ungeheuer (Dem „Leviathan" nach Th. Hobbes), das persönliche Freiheit und Individualismus verschlingt? Ja, ich glaube in der Tat, dass das gerade abläuft und wir damit Ameisenstaaten immer ähnlicher werden. Es gibt immer mehr technische Entwicklungen, die dem Menschen nicht nur neue Möglichkeiten und Bequemlichkeiten eröffnen, sondern ihn auch immer mehr fremdbestimmt agieren lassen. Ich werde einige dieser Erscheinungen etwas genauer analysieren und überprüfen, in wie weit sie den Menschen immer geneigter machen, sich einer solchen

Transformation auszuliefern. Auf der anderen Seite werde ich versuchen zu zeigen, wie der Staat auf einmal immer mehr Möglichkeiten bekommt, Menschen zu steuern und zu lenken. Was die Veränderung der psychischen Strukturen des Einzelnen anbelangt, werde ich auf viele Aspekte zu sprechen kommen, die Ihnen vielleicht banal vorkommen, doch es sind vielleicht alles kleine Schritte dazu, Freiheit mehr und mehr zu verunmöglichen. Freiheit ist etwas, das ausgeübt, trainiert werden muss, sonst verkümmert sie.

Die Mächtigen haben in allen Zeiten den einzelnen Menschen in der Regel nicht als Individuum, sondern als Masse gesehen, deren oberste Pflicht es sei, mit welcher Begründung auch immer, den Eliten zu gehorchen. In einer Demokratie kann man einen solchen Gehorsam nicht einfach einfordern. Man muss es so machen, dass die Individuen das Gefühl bekommen, sie machten das aus freiem Willen oder es sei alternativlos. Und eine der wichtigsten Thesen dieses Buches ist, dass genau dies geschieht. Menschen nehmen die neuen technischen Geräte und Möglichkeiten gerne an, weil die erst einmal als etwas Positives erscheinen. Doch man bedenke, sobald Andere Macht bekommen, mich zu lenken und zu kontrollieren, werden sie dazu tendieren, das auch zu tun. Und sobald der Mensch als Masse gesehen wird, desto eher sind die Herrscher aller Zeiten bereit, die Einzelwesen als völlig bedeutungslos zu betrachten und die Freiheit des Individuums in der Realität des Handelns zu ignorieren. Doch eine Gesellschaft, die nicht Individualismus und Freiheit fördert, wird auf die Dauer bestenfalls stagnieren können. Die Crux des Ganzen ist, dass sich solche Prozesse schleichend abspielen und man die Bedeutung oft nicht im Zusammenhang mit der Gesamtentwicklung beurteilt. Doch wenn immer mehr solche Entwicklungen in eine bestimmte Richtung gehen, dann kann irgendwann ein Punkt erreicht sein, an dem eine Umkehr nicht möglich ist. **Ich bezeichne das als das Gesetz des quantitativen Qualitätssprungs.** (Das entspricht weitgehend dem Begriff der Emergenz, betont aber mehr, dass die Dynamik von den quantitativen Veränderungen ausgeht.).

Was kann zum Beispiel kritisch an Navi-Geräten sein, werden Sie sich bei der Lektüre des Buches vielleicht fragen. Doch bedenken Sie, eine Maschine, ein Gerät entscheidet für Sie, auf welchen Wegen Sie fahren. Ja, das ist bequem, doch auf der anderen Seite wird Ihnen in einem wichtigen Bereich des Lebens Kompetenz entzogen. Ja, Sie können das Navi wieder ausstellen oder abschaffen. Doch machen Sie es? Sie werden es wahrscheinlich nicht tun, aber verlieren damit auch einen Bereich, in dem Sie sonst Freiheit trainiert haben.

Auf der anderen Seite haben wir den Akteur Staat. Ihm werden auf einmal vor allem durch digitale Apps Möglichkeiten der Reglementierung und Überwachung gegeben, die eine große Verlockung sind. Jetzt in Zeiten der Corona-Epidemie sieht man sehr gut, dass schnell ein Interesse da sein kann, diese Kontrolle und Reglementierung auch auszuüben. Die Corona-Krise wirft nicht nur darauf, sondern auch auf den Zustand der einzelnen Individuen ein neues grelles Licht. In wie weit sind Individuen bereit, ihre Freiheit aufzugeben, wenn der Staat dies verlangt?

Doch bevor ich das genauer untersuche, werde ich mich der Gretchenfrage stellen: Gibt es Freiheit überhaupt?

Es gibt wissenschaftliche Untersuchungen, die zeigen, dass manche Entscheidungen in unserem Gehirn schon getroffen sind, bevor wir sie bewusst fällen. Solche Untersuchungen entsprechen auf der geisteswissenschaftlichen Ebene der Theorie Freuds vom Unterbewusstsein. Dieser Theorie nach werden viele unserer Handlungen aus dem Unterbewusstsein gesteuert, wobei das bewusste Ich dann nur die Aufgabe übernimmt, Rationalisierungen für eigentlich schon getroffene Entscheidungen zu finden. Jeder von uns kennt das, wenn er zum Beispiel auf Diät ist und dann merkt, wie etwas in uns Begründungen sucht, weshalb man doch etwas essen könne, ja geradezu müsse.
Doch das ist noch lange kein Grund, daraus den Schluss zu ziehen, menschliche Freiheit gebe es gar nicht. Das Bewusstsein ist die Grundvoraussetzung der Freiheit und kein Forscher ignoriert das im Prinzip, obwohl man als Naturwissenschaftler große Probleme damit hat zu definieren, was das denn ist, das Bewusstsein. Ob es als Teil einer nicht-materiellen, geistigen Welt (Descartes) gesehen wird oder als Produkt eines Interaktionsprozesses, wie zum Beispiel bei den Vertretern des symbolischen Interaktionismus (Siehe L. Krappmann oder H. Mead), ist dabei an dieser Stelle nicht wichtig. Wichtig ist, dass es keine relevante Forschungsrichtung gibt, die die Existenz des Bewusstseins bestreitet. Nach Freud ist das Bewusstsein der Ort, wo das Ich und das Über-Ich ins Spiel kommen. Das Ich ist der Ort, wo der Mensch aus seinen Erfahrungen heraus Triebimpulse und Erwartungen

anderer Menschen reflektiert und das Über-Ich hilft mit seinen verinnerlichten Normen eine Entscheidung zu treffen. In der Sprache der modernen Bioneurologie stimmt das vielleicht mit der Funktion sogenannter Spiegelneuronen überein, die ein inneres Bild der ablaufenden Prozesse produzieren, in dem sich die eigenen Erwartungen und die Erwartungen der Anderen (auch der eigenen Programme) spiegeln und die dann ein Abwägen ermöglichen.

Sobald man das Bewusstsein als solches und die Funktion des Abwägens und Entscheidens akzeptiert, bejaht man auch die menschliche Freiheit. Natürlich gibt es keine absolute Freiheit. Man ist in seinen Entscheidungen immer abhängig von der evolutionären Geschichte des Gehirns, der eigenen, persönlichen Geschichte und den gesellschaftlichen Rahmenbedingungen. Doch ein kritisches Abwägen ist dadurch immer noch möglich, aber immer nur in Bezug zu den Umständen und den eigenen Programmen. Der Mensch, der sich in dieser Weise frei entscheiden will, muss also auch ein Bewusstsein von der Relativität seiner Entscheidungsgründe haben, das heißt, er muss sich darum kümmern, beeinflussende Faktoren, die aus ihm selbst oder seiner Lebenswelt kommen, zu reflektieren, um so nicht zu leicht ein Opfer von fremder oder eigener Manipulation zu werden. Freie Entscheidungen zu treffen ist immer anstrengender, als sich den äußeren Einflüssen oder den Impulsen der eigenen Programme und Triebe zu beugen.

In seinem Buch „Novozän" geht James Lovlock auch von einer Transformation der Gesellschaft aus, vor allem unter dem Gesichtspunkt der Entwicklung von KI und deren prognostizierter Machtübernahme. Dazu gibt er ein schönes Bild, das mir bei der Arbeit an diesem Buch oft vor dem inneren Auge stand. Kann man das, was gerade in unserer Gesellschaft passiert, als die Umwandlung der menschlichen Gesellschaft in eine Form von Ameisen- oder Termitenstaat begreifen? In einem Termitenbau arbeiten die meisten Einzeltiere daran, aus Scheiße und Dreck eine Art Beton an zu mischen. Die Einzeltiere, die vormals als selbst gesteuerte Einzelwesen durch Steppe und Savanne gezogen waren und alles Mögliche machen mussten, um am Leben zu bleiben, machen nun alle das Gleiche. Lovelock sagt, dass, wenn er abends in eins der typischen Büro-Hochhäuser der modernen Städte schaue, sich ihm ein ähnliches Bild biete. Die Menschen machten auch alle das Gleiche, nämlich auf Bildschirme starren.

Im ersten Kapitel dieses Buches möchte ich Sie bitten, mich auf eine kleine Reise durch die wichtigsten kultur- historischen Stationen unserer Geschichte zu begleiten. Vielleicht kann sich dadurch der Blick weiten und Sie dazu verführen, die Moderne nicht als das Normale anzusehen, nur weil das die Welt ist, die wir gewohnt sind. Ich werde mich bei dieser imaginären Reise auf zwei Gesichtspunkte konzentrieren: Wie sich die Freiheits- möglichkeiten des Einzelnen und wie sich die Stressbelastung entwickelt haben. Ich gehe davon aus, dass der Stress einer der wichtigsten Entwicklungs- faktoren für Mensch und Gesellschaft ist. Er hat im Laufe der Gesellschaftsentwicklung immer mehr zugenommen und in unserer Zeit ein Maß erreicht, mit dem die menschliche Psyche generell überfordert ist. Aus diesem Dauerstress heraus entwickelt sich ein übergroßes Bedürfnis nach Entlastung und Ruhigstellung. Ich gehe davon aus, dass dies die **Basis** dessen ist, was ich als

Transformation des Menschen bezeichne.

In manchen deutschen Städten und Stadtvierteln gibt es mehr Apotheken als Bäckereien (Zum Beispiel in dem in diesen Tagen durch die Corona-Epidemie besonders gebeutelten Landkreis Heinsberg). Wir leben in einem der reichsten Länder der Erde, doch das scheint seinen Preis zu haben. In den letzten Jahren steigt die Zahl der Burn-Out-Patienten und der Menschen, die an Stresssymptomen wie innerer Unruhe oder Schlaflosigkeit leiden enorm (Nach einer Studie von 2019 haben über 50% der Bevölkerung Schlafstörungen). Die Menschen, die einem in Deutschland im Alltag begegnen, sind oft gespannt, gereizt, ungehalten, ungeduldig und machen häufig zumindest einen unzufriedenen Eindruck. Das können sich viele Menschen aus ärmeren Ländern gar nicht vorstellen. Sie gehen davon aus, dass die Menschen in einem so reichen und sicheren Land übermäßig glücklich sein müssten. Doch merkwürdigerweise sind gerade die Deutschen dafür bekannt, dass man sie am ehesten an ihrer schlechten Laune erkennen könne. Doch vielleicht liegt das gar nicht an unserem miesepeterischen Charakter oder an dem schlechten Wetter, sondern daran, dass man im modernen Deutschland in sehr stressigen Zeiten und Lebenswelten lebt. Heute muss man sich angesichts der Entwicklung der umfassenden Fremdbestimmung fragen, ob nicht ein Zustand erreicht ist, wo der Kollateralschaden der gesellschaftlichen Entwicklung größer geworden ist, als die Vorteile.

Eine kleine Geschichte von Freiheit und Stress

Stellen wir uns also einen „Herrn Jedermann" in der Steinzeit, im Mittelalter, in der Zeit der beginnenden Industrialisierung, der Nazizeit und in der Heutzeit vor.

(Ähnliches gilt natürlich auch für „Frau Jedermann". Doch da ich selbst ein Mann bin und mich in dieser Sicht besser auskenne, habe ich mich für „Herrn Jedermann" entschieden.)

Greifen wir einen beliebigen Tag in seinem Leben heraus. Gerade ist **„Herr Steinzeit"** dabei mit einigen Stammesbrüdern einen angeschossenen Hirsch zu verfolgen. Heute werden sie ihn wohl nicht mehr einholen. Es wird wohl noch Tage dauern, bis der Hirsch durch die Verletzung so schwach geworden ist, dass sie ihn stellen und erlegen können. Jetzt gerade sind sie damit beschäftigt, ein provisorisches Nachtlager zu errichten. Zwei der Stammesbrüder sind unterwegs um Äste zu besorgen, mit denen man ein provisorisches Zelt errichten kann. Ein Dritter sucht und schneidet Reisig. Ein Vierter unterhält das Feuer, das zum Schutz gegen Raubtiere immer brennen muss, während „Herr Steinzeit" auf einer kleinen Anhöhe die Umgebung überwacht. Das möge als Skizzierung der Szene reichen und ich verzichte darauf zu erklären, wie genau der Unterschlupf gebaut wird und was so an kleinen Vorkommnissen noch in dieser Nacht passierte. Wichtiger für dieses Buch ist sich zu vergegenwärtigen, welchen Bildern „Herr Steinzeit" und seine Stammesbrüder ausgesetzt sind und wie es mit den dazu passenden Reaktionsmustern aussieht. „Herr Steinzeit" lebt in einer fast komplett natürlichen Umgebung, das heißt, seine in Hunderttausenden Jahren evolutionär gewachsenen Anschauungsformen passen von der Grundstruktur her bestens zu den Bildern, die sein Wahrnehmungsapparat ihm in dieser Nacht von der Umgebung liefert. Es ist zwar ein ihm unbekanntes Tal, doch er kennt alle Grundelemente, die ihn hier umgeben. Er ist sehr aufmerksam aufgrund der Tatsache, dass er sich zwar in einer im Prinzip bekannten Lebenswelt bewegt, er aber aufgrund seines Selbsterhaltungswillen sehr auf die kleinen Unterschiede, die dieses Tal bietet, achten muss. Er scannt quasi die Umgebung nach den vielen bekannten und den leicht unterschiedlichen Merkmalen. Versuchen wir uns einmal in den psychologischen Zustand von „Herrn Steinzeit" zu versetzen. Da wir es selbst nicht so erlebt haben, können wir darüber natürlich nur Vermutungen anstellen. (Da ich jedes Jahr mindestens 6 Wochen in der „freien Natur" campe, bilde ich mir ein, es vielleicht erahnen zu können). Ich komme zu dem Ergebnis, dass „Herr Steinzeit" sich in dieser Situation zwar in einem Zustand besonderer Aufmerksamkeit, aber innerer Ruhe befindet, seine Wahrnehmung wahrscheinlich bewusster und die Bereitschaft, schnell Verteidigungs- oder Angriffsmuster einzusetzen, sehr hoch ist. Doch keine Spur von innerer Unruhe oder Panik. Meiner Vermutung nach, wird man selbst den psychischen Zustand des in der Nacht Wachhabenden nicht als Stress bezeichnen können.

Natürlich gab es in der Welt der Sammler und Jäger auch Stress, etwa wenn es zu Hierarchiekämpfen kam oder man auf andere umherziehende Gruppen traf oder wenn man durch große Raubtiere bedroht wurde. Aber das Grundgefühl von „Herrn Steinzeit" war meiner Vermutung nach nicht Dauerstress. Fragen wir uns, inwiefern er selbstbestimmt lebte oder von anderen gelenkt war! Nun, vergleichen wir ihn mit uns, dann ist offensichtlich, dass er in einem Paradies der Freiheit lebte. So scheint es jedenfalls auf den ersten Blick. Doch sobald der Mensch in einer Gemeinschaft lebt, unterliegt er Regeln, vor allem dann wenn die Gruppe hierarchisch strukturiert ist, wovon man ausgehen kann. Alle ethnologischen Forschungen zeigen, dass es auch in ursprünglich lebenden Gruppen meistens eine Rangordnung mit unterschiedlichen Rechten und Pflichten gibt. Doch niemand zwang „Herrn Steinzeit", sich nur auf bestimmten Wegen zu bewegen, niemand schrieb ihm vor, wie er sein Lager errichtete, niemand zwang ihm einen Arbeitsstundentag auf, niemand zwang ihn, sich impfen zu lassen oder eine Urkunde auszufüllen, wenn er heiratete. Die Welt war noch groß genug, um jeden im Rahmen seiner Gruppe so leben zu lassen, wie er wollte. Sein Leben war vor allem durch die Natur, mit ihren Gefahren und Möglichkeiten strukturiert, nicht aber durch staatliche Vorgaben, Reglementierungen und Kontrollen.

Kommen wir zu **„Herrn Ackerbau"**. Es hat sich eine Menge geändert. „Herr Ackerbau" lebt zwar wie sein Vorgänger noch von der Natur, doch seine Umgebung mit den dazugehörigen Bildern ist schon keine rein natürliche mehr, sondern schon eine gestaltete, künstliche. Die Art seiner Aufmerksamkeit hat sich etwas verschoben. Er wird viel intensiver auf Veränderungen des Wachstums achten als nach den Zeichen von Beute oder Raubtieren suchen. Dieses Aufmerksamkeits-Muster für Wachstum gab es sicher schon vorher, aber nicht in der neuen Bedeutung für die Lebenssicherung. Verändert hat sich aber noch vieles Andere, was mit einem neuen Stressniveau einhergeht. Anstelle der mehr oder weniger provisorischen Lager treten nun Bauten (Stammhaus, Langhaus, Ställe, Lagerräume), die für längere oder lebenslange Nutzung konstruiert sind. Ein feststehendes Lager verlangt viel größere Sicherungsmaßnahmen als ein mobiles. Gerade in der Übergangszeit, als es noch viele herumwandernde Jäger- und Sammlergruppen gab, entstand für „Herrn Ackerbau" schon so etwas wie Dauerstress. Als Bauer mit einem Gehöft liegt man praktisch wie auf einem Präsentierteller für angreifende Gruppen. Von daher kann man wohl annehmen, dass der Bauer in der Frühzeit der Entwicklung der Gesellschaft schon deutlich schlechter schlief als seine Vorfahren, die Jäger und Sammler. Zudem hatte er nun eine Sorge mehr, die der Steinzeitmensch so nicht kannte: Die vermehrte Sorge um die Erhaltung des Besitzes. Auch heute noch schlafen Menschen schlecht aus Sorge vor dem Verlust ihres Besitzes. Doch damals war das eine gegenwärtige Gefahr, vor der man sich nur schwer schützen konnte. So etwas erzeugt Stress. Um sich die Situation etwas mehr zu vergegenwärtigen, schaue man sich entsprechende Filme aus dem „Wild-West-Genre" an. Dort geht es sehr oft um den Konflikt zwischen den marodierenden Jägern und Sammlern in Form von Banditen und den Bauern und

Siedlern. Erst gesellschaftliche Institutionen schafften hier eine neue Sicherheit, doch die wurde erkauft mit gesellschaftlichen Reglementierungen, Abgaben und mit einem Verlust an Freiheit. In der Übergangsphase zur Sesshaftigkeit herrschte wahrscheinlich meist das Gesetz des Stärkeren, hin und wieder vielleicht auch eine Moral des sozialen Miteinanders. Doch es war insgesamt eine instabile Situation und die ist mit Ackerbau und Vorratswirtschaft nicht zu vereinbaren. So ergab sich ein gewisser systembedingter Zwang, Macht an Institutionen abzugeben, die für Schutz und Verlässlichkeit sorgten. Und auf einmal gab es Wegerechte, Weiderechte, Schürfrechte, Jagdrechte, Siedlungsrechte, Braurechte und Schankrechte und vieles mehr. Damit die eingehalten wurden, brauchte es eine Art von Polizei und folgerichtig dann auch ein Justizwesen mit Gerichten und Gefängnissen. Die Welt begann kontrollierter und reglementierter zu werden. Das brachte den Ackerbauern und Viehzüchtern mehr Sicherheit, engte aber ihre Entscheidungsmöglichkeiten ein.

Von der psychischen Belastung her war die Entwicklung zur Sesshaftigkeit für „Herrn Ackerbau" also sowohl ein Fortschritt als auch ein Rückschritt.

Die neue Art der Lebenssicherung durch systematische Bewirtschaftung, das heißt Umgestaltung der Natur, verlangte die Entwicklung neuer Werkzeuge und eine Vervielfältigung der Tätigkeitsmuster und brachte eine neue Versorgungssicherheit. Doch da man den Pflanzen nicht beim Wachsen zusehen kann, anders als den Bewegungen eines Beutetieres, wird die Aufmerksamkeit und das bewusste, sinnenscharfe Agieren weniger geworden sein. Im Winter war „Herr Ackerbau" in den kälteren Region Deutschlands fast zur Untätigkeit verurteilt. Das war wahrscheinlich die Zeit der Menschheitsentwicklung, in der die Langeweile zu einem Stressgrund wurde. Doch da die Bauern in dieser Zeit oft Frondienste leisten mussten, blieb ihnen das vielleicht erspart. Der Preis war abhängiges, nicht selbstbestimmtes Handeln, vor allem für die Bauern, die von Großgrundbesitzern abhängig waren (Lehnsystem). Von den Lebensbildern, die „Herrn Ackerbau" jetzt umgaben, kann man sagen, dass sie in gewisser Weise neu, aber für die Psyche doch relativ leicht zu verarbeiten waren, da sie auf bekannten Weltbildern aufbauten. Anstelle des Waldes oder der Steppe war das Bild der Flur getreten.

Ein wirklich neues Bild, das in dieser Zeit auftauchte, waren Zäune, die ursprünglich nur der Viehhaltung dienten, dann aber auch Eigentumsgrenzen markierten. Bis heute prägen Zäune in dieser erweiterten Funktion unsere Landschaften.

Im Übergang von der Epoche der Jäger und Sammler zu den sesshaften Ackerbauern änderten sich zudem die allgemeinen Vorstellungen von Welt und die Erklärungsmuster des Nichtverstehbaren, die Mystik und die Magie. Wieso solche Vorstellungen oder Erzählungen in allen Kulturepochen der Menschheit auftauchen, soll hier nicht thematisiert werden. Während bei den Jägern und Sammlern Gott und die geistige Welt ein Teil der Natur waren, wird Gott bei den Sesshaften schon etwas aus der Natur heraus verlagert. Er wird zum Schöpfer und Lenker der Natur und der Menschen. Während vorher das Geistige, das Göttliche, das Übernatürliche in jedem Busch und Baum zu finden war (Animismus), thront Gott jetzt im Himmel über Allem. Die Art der Versuche, das

Übernatürliche zu beeinflussen, änderte sich ebenfalls. Aus dem Totem wird eine Institution, die man mit Opfergaben, Vorformen gesellschaftlicher Abgaben, gütig stimmen kann, die ihrerseits oft aber sehr herrisch verlangt, ihren Dogmen zu folgen. Dadurch wurde die Freiheit der Weltanschauung kanalisiert.

Ob man daraus schließen muss, dass die Menschen durch die Mystik in der Phase der Sesshaftigkeit gestresster wurden, lässt sich nur schwer beurteilen. Man kann aber sinnvoll so argumentieren, dass ein allmächtiger Gott natürlich auch Furcht einflößender ist, als der Geist eines bestimmten, einzelnen Baumes oder Felsens. Zudem sind die meisten monotheistischen Religionen, die mit der Sesshaftigkeit aufkamen, dadurch gekennzeichnet, dass es einen bösen Gegenspieler gibt. Wie sollte man sonst erklären, dass Gott trotz Opfergaben nicht immer die Dinge zum Positiven wenden konnte? Der Teufel war im Mittelalter, auf das wir jetzt eingehen werden, eine Bedrohung, die als tatsächlich existierend empfunden wurde. Und die Angst vor dem Teufel kann einem durchaus schlechte Laune machen, Stress erzeugen und die Nachtruhe böse stören.

„Herr Mittelalter" lebte in einer noch künstlicheren Welt als „Herr Ackerbauer". Nehmen wir einmal an, „Herr Mittelalter" wohne in einer Stadt wie Mainz und sei dort für die Qualitätskontrolle und den Verkauf von Fässern zuständig. Wenn „Herr Jedermann" direkt von der Steinzeit in so eine Stadt gebeamt worden wäre, dann hätte er diese Umgebung sicher nicht als sehr heimatlich empfunden und man kann annehmen, dass er ziemlich gestresst gewesen wäre. Wieso? Einmal hätten ihm nur wenige, evolutionär gewachsene Anschauungsformen und Muster zur Verfügung gestanden, um die neue Welt und ihre typischen Bilder einzuordnen. Gewisse Grundstrukturen, wie das Bild der Hütte, hätte er wahrscheinlich noch wiedererkannt. Aber bürgerliche Prachtbauten, wie das Haus des Zunftherrn, hätten ihn sicherlich in Erstaunen versetzt. Sehr erstaunt wäre er auch über die noch prachtvolleren und keiner offensichtlichen Funktion dienenden Kirchen und die durchorganisierten Arbeitsformen in der Werkstatt gewesen. Aber selbst im Arbeitsprozess hätte er doch noch gewisse Grundformen wiederentdeckt, da es auch in der Steinzeit und mehr noch bei den Ackerbauern gewisse Formen der Arbeitsteilung gab. Das, was ihn wahrscheinlich am meisten gestresst hätte, wäre sicherlich das Ausmaß der unterschiedlichsten Bilder gewesen, die hier überall auf ihn warteten. Dort waren Figuren aus Stein aufgestellt, dort war ein Brunnen, dort zog jemand einen Karren mit Rädern, dort sah man Scheiben oder Schilder und die verschiedenste Kleidung: Ein permanenter Wechsel für die erstaunten Augen. „Herr Mittelalter" selbst war durch das Treiben auf den Straßen und durch die vielfältigen Bildern, die seine Anschauungsformen verarbeiten mussten, nicht sonderlich gestresst, da er diese Bilder der Stadt schon von frühester Jugend her kannte. Die Städte und ihre Lebenswelt mit den dazugehörenden Bildern änderten sich so langsam, dass es kaum bemerkt wurde. „Herr Mittelalter" hatte vor allem Stress durch die Verantwortung, die seine Arbeit mit sich brachte. Wenn es ihm nicht gelang, eine bestimmte Anzahl von Fässern zu verkaufen, dann war es auf einmal vielleicht fraglich, ob sein Chef nicht ihn, sondern einen anderen als zukünftigen Meister bestimmen würde. Deshalb musste er dauernd Vorstellungen in seinem Kopf entwickeln, wie er den Verkauf steigern könnte. Aber solange das Geschäft lief, war der Stress nicht übermäßig. Aber Neuerungen, die das ganze eingespielte Geschäft stören konnten, lauerten in jedem Schiff, das mit neuer Ware den Rhein hinauf oder hinunter fuhr. Was, wenn dort auf einmal bessere und billigere Fässer angeboten würden? Auch sein Meister hatte da so seine Sorgen, die ein Steinzeitjäger nun wirklich nicht kannte. Wie konnte er seinen Besitz so mehren, dass er gegenüber Konkurrenten am Mark bestehen konnte? Doch diese Sorgen betrafen unseren „Herrn Mittelalter" nur indirekt. Aber wenn es seinem Herrn nicht gut ging, dann war auch sein gutes Leben in Gefahr. Schon aus diesem Grund war eine uneingeschränkte Solidarität mit seinem Herrn für ihn ein Gebot der Vernunft. Er selbst war mehr durch die Gewalt gestresst, die trotz Polizei und brutalen Sanktionsdrohungen an jeder Ecke lauerte. Nachts war es auf den Straßen meist nicht so sicher wie im Wald, obwohl es dort noch Wölfe und Bären gab. Um der neuen Gefahr in den Städten Herr zu werden, gab es nun Polizei und Verordnungen, die regelten, wo und wann man sich aufhalten durfte. Und je nachdem, wer da diese Posten als Polizist oder Beamter besetzte, konnte das wieder neuen Stress verursachen.

Da „Herr Mittelalter" in einer Händlerfunktion für einen Zunftherrn arbeitete, war er auch dafür zuständig, Kontakt mit den Händlern auf den Schiffen zu pflegen und auszubauen. Die Schiffe mussten in Mainz anhalten und Zoll bezahlen, was für die Schiffer eine sehr moderne

Form von Stress war. Doch diese Zwangsstopps hatten auch etwas Positives: „Herr Mittelalter" kam in Kontakt mit den unterschiedlichsten Menschen aus den verschiedensten Kulturen. Die vielen fremden Leute, die Mainz über den Strom erreichten, waren für ihn oft exotisch und sie brachten neue Bilder, neue Anregungen für die Phantasie und das Geschäft mit sich. In einer Stadt wie Mainz war man gezwungen seine Vorstellungsbilder und seine Erwartungen permanent anzupassen. Doch da die Veränderungen deutlich langsamer abliefen als heute, kann man davon ausgehen, dass der Stress entsprechend geringer war, aber deutlich stärker als noch zu Zeiten von „Herrn Steinzeit" oder bei „Herrn Ackerbauer". Der Stress vervielfältigte sich im Mittelalter, sobald Kriege oder Epidemien wüteten. Und Kriege und Epidemien waren in den etwas stärker besiedelten Gebieten des Mittelalters häufig zu Gast.
Für die Bakterien und Viren lagen die Städte wie auf dem Präsentierteller eines großen Buffets. Oft schickten sie Mäuse und Ratten als Trojaner in die Stadt, um dann ihr tödliches Werk zu verrichten. Das waren dann Zeiten des größten Stress, noch stärker als bei den Ackerbauern, die immer mit Angriffen umherschweifender Banditen rechnen mussten. Meist durften oder konnten die Menschen im Mittelalter die Städte in den Zeiten des Krieges und der Epidemien nicht einfach verlassen. (Wie man an der Coronakrise der Jetztzeit sieht, hat sich daran bis heute nicht viel geändert.). Einer der schlimmsten Stressfaktoren für einen mittelalterlichen Menschen war bei Epidemien neben der Hilflosigkeit die fehlende Erklärung für den plötzlichen, grausamen Todes durch Pest, Cholera oder Pocken. Die wissenschaftlichen

Erklärungen für Epidemien waren noch in den Anfängen und so kam zu der realen Bedrohung noch die Beunruhigung durch die Unerklärbarkeit. Oft wurden im damaligen Europa die Juden für so ein Unglück verantwortlich gemacht. Denn irgendeiner musste doch für das Geschehen verantwortlich sein. Jede, wenn auch noch so unsinnige Erklärung, war besser als keine.

Im Vergleich zu unserem „Herrn Ackerbauer" lebte „Herr Mittelalter" in einer Welt, die schon deutlich mehr geregelt und strukturiert war. Seine beruflichen Aktivitäten waren durch die Zunft bis in kleinste Einzelheiten geregelt. Religion war nun keine Privatsache mehr, sondern ergab sich verbindlich aus der Religionszugehörigkeit des Landesherren. Und Flüsse und andere Transportwege standen nicht mehr allen offen. Gerade in Deutschland, das im Mittelalter und in der frühen Neuzeit ein Flickenteppich aus Fürstentümer, Herzogtümern, Bischofssitzen und Pfalzen war, konnte man sich in manchen Gegenden keine 100 Kilometer bewegen, ohne dass irgendwo Zoll verlangt wurde. Doch auf der anderen Seite hieß es: **„Stadtluft macht frei"**. Das bezog sich vor allem auf Menschen, die der Leibeigenschaft der Adeligen entrinnen konnten, wenn sie in einer Stadt Bürgerrecht erhielten. Die Stadt schuf auch durch ihre Größe und der damit verbundenen größeren Anonymität neue Freiheitsgrade.

Kommen wir nun in die Zeit der Industrialisierung. **„Herr Industrialisierung"** arbeitet, sagen wir in Essen, in einem Gusswerk. Anders als „Herr Mittelalter", der sich als ein Teil einer bestimmten Zunft fühlte, war die neue Arbeitsstätte viel anonymer organisiert. Man arbeitete

jetzt nicht als Teil einer traditionsreichen Zunft und damit auch Teil der Familie des Herrn, sondern weil ein Unternehmer einen angestellt hatte und ihn auch jederzeit entlassen konnte. Doch in der Frühzeit der Industrialisierung war die Verbundenheit mit der Firma meist auch emotional noch sehr stark. Auch das gibt es heute noch, doch tendenziell wird es immer weniger.
Wurde „Herr Industrialisierung" krank oder arbeitslos, war er auf sich selbst angewiesen. In der Arbeit selbst wurden nun immer mehr Maschinen eingesetzt und über den Weg, den die von ihm und seinen Kollegen hergestellten Produkte nach der Fertigstellung nahmen, hatte er wenig oder gar keine Kenntnis. Er war nur darauf trainiert, bestimmte Arbeiten mit Werkzeugen und Maschinen auszuführen. Um mit Marx zu sprechen, die Arbeit wurde immer entfremdeter.
Auch „Herr Industrialisierung" hatte gegenüber dem „Herrn Steinzeit" deutlich an Freiheit eingebüßt, dies kam vor allem dadurch, dass sein Arbeitstag, der oft 12 Stunden dauerte, vom Arbeitgeber bis ins Kleinste geregelt war. Das galt für Arbeitsbeginn, Arbeitsende, Pausen und Gehorsam gegenüber den Vorgesetzten. Auf der anderen Seite hatten die starken religiösen Reglementierungen nun deutlich weniger Einfluss.
Doch insgesamt war sein Leben gerade durch die Arbeitsbedingungen und die vielen technischen Neuerungen stressiger geworden. Als Proletarier war seine Freiheit während der Arbeitszeit so eingeschränkt, wie das vormals nur bei Sklaven der Fall war. „Herr Industrialisierung" arbeitete in einer Gießerei mit Hochöfen und seine Nerven waren einem Bombardement von Lärm und Bildern ausgesetzt, die einen

Steinzeitmenschen an einen Vulkanausbruch hätte glauben lassen und ihn zur sofortigen Flucht veranlasst hätte. Doch das konnte er nicht. Er und seine Familie hätten dann vor dem Nichts gestanden: Keine Zunftgemeinschaft schützte ihn bei Verlust des Arbeitsplatzes und ein Rückzug in die Wälder war auch keine realistische Möglichkeit mehr. Ihm fehlten dazu die nötigen Jugend- und Kindheitserfahrungen. Da sich in der Zeit unseres „Herrn Industrialisierung" die Lebenswelten aufgrund des technischen Fortschritts, vor allem aufgrund der Erfindung der Dampfmaschine, radikal geändert hatten, hatte er auch für seine Arbeit nur wenige, passende Handlungs- und Reaktionsmuster. Er musste sich im Laufe seines Arbeitslebens vieles neu aneignen, was auch Stress bedeutete. In wenigen Jahrzehnten entstanden immer neue technische Welten, die das gesamte Arbeitsleben prägten. Von daher kann man davon ausgehen, dass die realen und sich schnell ändernden Arbeitsbedingungen extrem viel Stress bei den Arbeitern auslösten. Ja, mit der Zeit gewöhnten sie sich daran, doch wenn sie nach Hause kamen, waren sie dadurch meist so erschöpft, dass sie die verbliebene Freizeit oft nur dafür nutzen konnten zu regenerieren. Die körperliche Erschöpfung half ihnen sicher dabei einzuschlafen, doch es ist fraglich, wie es mit ihrer inneren Ruhe bestellt war. Wenn man den ganzen Tag vielleicht bei Höllenlärm, giftigen Dämpfen und dem starken Wechsel von Hitze und Kälte (Hochofen) arbeiten musste, wird das den Nerven sicher sehr zugesetzt haben. Der immense tägliche Arbeitsstress trug wohl auch dazu bei, dass solche Arbeiter in der Regel nicht sehr alt wurden. Alkohol war die typische Lösung dafür, das Unerträgliche erträglich zu machen. Schon im Mittelalter trank man aus hygienischen Gründen lieber Bier oder Wein statt Wasser, doch für die Arbeiter des 19. Jahrhundert gehörten 2 bis 3 Liter Bier als Verpflegung und Stressbetäubung zum Arbeitsalltag.

Da unser „Herr Industrialisierung" aufgrund der geringen Bezahlung kein Kapital aufbauen konnte, war er völlig abhängig von der Wirtschaftslage. Und da zum Kapitalismus Wirtschaftskrisen gehören, war er immer in Gefahr entlassen zu werden und dann ohne Absicherung dazustehen. Sicher eine Form von besonderem Stress, vor allem wenn man Familie hat. Der Kapitalist fand meistens Wege sein Kapital zu verschieben und so Status und Vermögen zu retten, was sicher auch mit Stress verbunden war. Nicht zu vergleichen allerdings mit dem Stress, jederzeit entlassen werden zu können und dann vor einer völlig ungesicherten Existenz zu stehen. Erst mit den Sozialreformen Bismarks verbesserte sich diese Stress-Lage der Arbeiter etwas. Doch bei der großen Wirtschaftskrise Anfang des 20. Jahrhunderts sah man, dass auch diese staatlichen Unterstützungen nicht ausreichten, um die Menschen vor dem Verhungern zu schützen.

Und der technische Fortschritt beschleunigte die Veränderung der Lebensumstände immer mehr. Auf einmal gab es Eisenbahnen, Autos, Straßenbahnen, Elektrizität, Radio und viele neue Produkte und Fertigungsformen, die vielleicht 10 Jahre vorher noch niemand kannte. Die Väter konnten ihre Söhne darauf nicht mehr vorbereiten. Aus diesem Problem entwickelte sich schon vorher die allgemeine Schulpflicht. Lehrer sollten nun das übernehmen, was die Eltern nicht mehr leisten konnten. Daraus veränderte sich die Autorität der

Eltern ganz entscheidend. Dies hat sich bis heute beschleunigt fortgesetzt. Viele Eltern sind heute gar nicht mehr in der Lage zum Beispiel die Spielaktivitäten ihrer Kinder an Spielkonsolen oder ihre Aktivitäten im Internet nachzuvollziehen. In den Augen ihrer Kinder erscheinen sie dann wie Vollidioten. Doch gehen wir wieder zurück in das Ende des 19. Jahrhunderts. Die konkrete Lebensumwelt der Menschen wurde in der Neuzeit für immer mehr Menschen die Stadt, und die Städte wurden größer und größer. Schon damals herrschte in den Städten oft ein Lärmpegel, der einen Steinzeitmenschen das Gefühl gegeben hätte, er stehe wehrlos und verständnislos mitten in einem Sturm. Die archaischen Reaktionsmuster auf Lärm und auf neue Bilder sind bei uns heute im Prinzip noch genauso wie in unserer Zeit in den Wäldern und Savannen. Es gab damals, zu Beginn der Industrialisierung, noch nicht den Autolärm, aber den Lärm der Fabriken, die meistens in unmittelbarer Nähe der Stadt oder dort selbst lagen. Es gab den Lärm der Fuhrwerke, und den Lärm, den Menschen machen, wenn sie auf engem Raum zusammenleben. Ruhe und Stille wurden auf einmal zu einem Wert, weil sie zu einem seltenen Gut geworden waren. Davon zeugt auch die Kultur der Schrebergärten, die sicher nicht aus Zufall in den lauten Städten des Ruhrgebietes ihren Ursprung nahm. Diese kleinen Idyllen waren dann auch so etwas wie kleine Refugien der Freiheit.

Kommen wir nun kurz zu **„Herrn Nazi"**. Nur kurz deshalb, weil ich mich auf die Darlegung der Veränderung der Bilderwelt konzentrieren möchte. Vielleicht kann ich da etwas sagen, was nicht schon tausendmal vorher über das 3. Reich gesagt worden ist. Sehen wir uns kurz die Ausgangslage der Nazi-Herrschaft an. Nach dem Ersten Weltkrieg waren die Lebensbilder durch den technischen Fortschritt noch vielfältiger und bedrängender geworden, als in der frühen Zeit der Industrialisierung. Die dadurch sicherlich bewirkte innere Beunruhigung und der Stress waren zusätzlich verschärft durch die Änderung der politischen und religiösen Vorstellungswelt. Man lebte in einer Demokratie, auf die man nicht vorbereitet war, der Kaiser spielte keine Rolle mehr und Parteien waren so etwas wie Kampforganisationen, die auch redeten. Zudem war man jetzt nicht nur nationalen Wirtschaftskrisen ausgesetzt, sondern auch internationalen. Auf einmal war eine Börsenkrise in New York verantwortlich für das eigene Hungern (Welt-Wirtschaftskrise 1929). Aber eine Zeit der Verunsicherung ist oft auch mit neuen Freiheiten verbunden. Und die Weimarer Republik war für manche Menschen vor allem in Großstädten wie Berlin auch eine Zeit des Experimentierens und neuer Lebensfreude. Aber auf der anderen Seite erzeugt Verunsicherung auch ein stärkeres Streben nach Sicherheit und Ordnung. Das brachte dann letztlich die Nazis an die Macht.

Als die Nazis als Reaktion auf die nicht verarbeitete Niederlage des 1. Weltkrieges und auf die bedrängenden Anforderungen und Bilder der neuen Zeit an die Macht kamen, vereinheitlichen sie die Bilderwelten. Sie schufen eine vereinheitlichte Interpretation von Welt und vereinheitlichten das Verhalten und sogar das Aussehen der Menschen. Der Hitlergruß wurde verbindlich, Beflaggungen obligatorisch und von der Hitlerjugend bis zur SS wurden sehr viele Menschen uniformiert. Auch das trug dazu bei, in Hitler so etwas wie einen Erlöser zu sehen. Nach meiner Interpretation: Ein Erlöser von der Überforderung durch die hereinbrechende Moderne.

„Herr Nazi" fühlte sich in der nun überschaubarer gewordenen Welt wahrscheinlich deutlich wohler als in der Weimarer Republik. Dies bestätigen alle Untersuchungen, die sich mit der Lebensbefindlichkeit der Deutschen in der Frühzeit der Nazi-Herrschaft beschäftigen. Nur einige Intellektuelle ahnten, wohin die neue Gleichschaltung der Bilder, des Redens und des Denkens am Ende führen würde. Vereinheitlichung geht fast immer einher mit dem Verlust von Freiheit. Als dann durch den Judenstern auch das Erscheinungsbild der Juden vereinheitlicht wurde, hätte man die heraufziehende Katastrophe ahnen können.

Hätte die Bevölkerung gewusst, dass Hitler sie in den Superstress eines totalen Vernichtungskrieges führen würde, wäre die Zustimmung wohl nur minimal gewesen. Doch solange es „Herrn Nazi" gut ging und die Welt wieder einfacher und geordneter geworden war, machte er sich über die Zukunft wenig Gedanken und viele sahen im Umgang mit den Juden und Andersdenkenden dann so etwas wie einen Kollateralschaden, am Beginn einer glorreichen Zeit, dem „Dritten Reich."

Kommen wir nun zu **„Herrn Neuzeit"**. Diesen Zeitgenossen wollen wir uns etwas genauer ansehen und ihn einen Tag seines Lebens begleiten. Es ist das Jahr 2019.

„Herr Neuzeit" ist 55 Jahre alt und in einer Immobilienfirma als Angestellter tätig. Er ist Single und lebt in einem Appartement in einem einst mittelständigen Wohnbezirk.

Wie sehr viele seiner Generation ist er geschieden. Er hat einen Sohn, der bei seiner Frau lebt, aber am Wochenende meist bei ihm ist.
So, los geht's. Der Wecker klingelt und „Herr Neuzeit" wird wach. An diese Form wach zu werden hat er sich schon gewöhnt, meint er jedenfalls. Früher hatte er einen mechanischen Wecker, also einen solchen, den man aufziehen musste und dessen Weckalarm an eine frühindustrielle Eisenschmiede erinnerte. Wenn der ihn weckte, hatte er manchmal das Gefühl, kurz vor einem Herzanfall zu stehen. Da ist ihm der Radiowecker, den er jetzt benutzt, deutlich angenehmer. Er wird von einer Radiostimme geweckt oder von Musik. Doch auch das bedeutet für seine archaischen Programme Alarm. Wenn plötzlich eine Stimme direkt neben dem Schlaflager zu hören ist, löst das einen Abwehrmechanismus aus. Seine Psyche wird durch ein Programm automatisch dazu aufgefordert, zwischen schneller Flucht oder Angriff zu wählen. Bei „Herrn Neuzeit" überwiegt, wie bei fast allen seiner Mitbürgern, leichte Aggression. In Bezug auf meinen Analyse-Schwerpunkt, welche Bilder und Geräusche auf ihn einwirken und wie die Psyche darauf reagiert, kann man festhalten, dass schon der erste Moment des Tages mit Stress verbunden ist. Es gibt anscheinend viele Menschen, die auch deshalb am frühen Morgen unter Bluthochdruck leiden. Dies wird umso erklärlicher, wenn wir den weiteren Tagesverlauf von „Herrn Neuzeit" betrachten. Da er gerne so lange schläft wie möglich, hastet er nun in Richtung Bad, um zu duschen, Zähne zu putzen und was man da alles noch so machen muss. Gleichzeitig hat er schon die Kaffeemaschine angemacht und den Toast eingesteckt. Er

versucht im Bad nur so lange zu brauchen, dass er rechtzeitig fertig ist, wenn auch der Kaffee fertig ist. Dabei ist natürlich sehr viel selbst gemachter Stress, aber ich wäre doch sehr überrascht, wenn „Herr Neuzeit" nicht in all den kleinen Wohnungen über und neben ihm viele Genossen hätte, die ebenfalls durch ein Aufstehprogramm hasten, um rechtzeitig auf die Straße und auf den Weg zur Arbeit zu kommen. „Herr Neuzeit" weiß nur zu gut, dass wenn er 5 Minuten später in den Verkehr einsteigt, die Stauwahrscheinlichkeit drastisch erhöht ist. Deshalb ist auch sein Frühstücken oft ein hektisches Hineinschlingen von Nahrung, währenddessen er die Nachrichten im TV verfolgt. Man muss ja informiert sein. Seine inneren Muster kann man vergleichen mit der Situation, in der eine Steinzeitgruppe ein provisorisch errichtetes Lager aufgibt und hastig aufbricht, weil irgendeine Gefahr droht. „Herr Neuzeit" nimmt gegen den leichten Bluthochdruck eine kleine Tablette. Doch nun geht's los. Er geht zu seinem Wagen, der begrüßt ihn mit dem Aufleuchten von Dutzenden Amaturenlichtern. Daran hat er sich gewöhnt. So etwas kennt er schon von Kindesbeinen an, als er mit seinen Eltern im Auto fuhr. Die lösen also keinen Stress mehr aus, eher beruhigen sie. Doch das ändert sich, als er seinen Wagen von der Seitenstraße auf die Ringstraße chauffiert, über die er zu seiner Arbeitsstelle muss. Neben, hinter und vor ihm Menschen, genauso wie er, auf dem Weg zur Arbeit. Niemand hat Zeit. Sieht er in die Gesichter der Menschen hinter den Autoscheiben, so kann er den Stress und die schlechte Laune der anderen fast spüren. Ihm geht es nicht besser, wie auch. Alle sitzen in Autos. Für unsere alten urzeitlichen Muster sind das große, laute, schnelle Objekte, die Gefahr bedeuten. Und das ist ja keine Einbildung: Ein falsches Lenkmanöver und man muss damit rechnen, verletzt, ja sogar getötet zu werden. Das Leben im Straßenverkehr ist objektiv gefährlicher, als es das Leben in der Wildnis war und mit den Gefahren in einer mittelalterlichen Stadt im Normalzustand nicht zu vergleichen. Für uns ist hier nur wichtig, dass die Tatsache wohl unumstritten ist, dass ein Fahrer eines Autos in permanenter Habachtstellung sein muss. Dabei wird sein Wahrnehmungsapparat aber nicht nur durch die vielen anderen Autos, sondern auch durch Verkehrszeichen, Ampeln, Fußgänger und Werbeschilder in Anspruch genommen. Wenn man wie „Herr Neuzeit" erfahren im Berufsverkehr ist, kann er dabei in eine Art Trance umschalten, die seine Bewusstheit allerdings stark heruntersetzt. Eine innere Unruhe, ein Stressgefühl stellt sich Morgen für Morgen bei ihm ein und das geht sicher vielen so. Es gibt wohl niemanden, der sagt, ich mache mir heute einmal einen schönen Tag und setze mich eine Stunde lang dem Berufsverkehr aus. Die Vielfalt und das Ausmaß der auf einen Berufsverkehr-Fahrer einwirkenden Bilder sind so immens, dass sich dem niemand entziehen kann. Noch einmal sei darauf hingewiesen, dass viele dieser Bilder und Geräusche unabweisbar als Bedrohung empfunden werden. Daran kann man sich nur bedingt gewöhnen. Dies wurde in letzter Zeit noch dadurch verstärkt, dass immer mehr SUVs auf den Straßen fahren. Kommt „Herrn Neuzeit" ein solches „kleines Monster" auf einer schmalen Straße entgegen, erschrickt er jedes Mal und ist froh, dass es keinen Zusammenstoß gegeben hat. Zurück bleibt das Gefühl von zusätzlichem Stress und innerer Unruhe. Manchmal ist „Herr Neuzeit" noch keine 1000 Meter gefahren, bevor ein Fahrer hinter ihm hupt.

So etwas lässt niemanden kalt. Dabei werden automatisch Gefahren-Abwehr-Reaktionsmuster aktiviert. Meist führt das zu einer Steigerung der Aggression, das heißt zu starkem Stress. Doch lassen wir „Herrn Neuzeit" jetzt nicht an einem verfrühten Herzanfall sterben. Wir lassen ihn erleichtert an seinem Arbeitsplatz ankommen. Er hat im Parkhaus eingecheckt und dann auch in der Anwesenheitskontrolle des mittelgroßen Büros. Die Arbeit stresst ihn zur Zeit nicht besonders, da er erfolgreich genug ist, um seinen Chef zufrieden zu stellen. Dies liegt auch daran, dass zur Zeit die Lage auf dem Immobilienmarkt gut ist und er immer wieder gute Abschlüsse für die Firma an Land ziehen kann. Er erinnert sich aber noch sehr wohl an die Zeit, als der Immobilienmarkt am Boden lag und die Gedanken um die Sicherheit seines Arbeitsplatzes seinen Schlaf und auch seine Befindlichkeit während der Arbeit sehr störten. Doch zur Zeit läuft es gut, auch mit den Arbeitskollegen.
Auf seinen Heimweg gehen wir hier nicht mehr besonders ein. Er war und ist immer noch stressig, aber nicht mehr so, wie der Hinweg am Morgen, da „Herr Neuzeit" nun weiß, dass er es bald geschafft hat und Arbeit und Fahrerei hinter ihm liegen. Zu Hause angekommen, fühlt er sich erst einmal wohl. Es ist ruhig, er kennt die Umgebung, was Wohlbefinden bei ihm auslöst. Aber anscheinend fehlt ihm bald doch etwas, da er nach einiger Zeit den Fernseher anmacht, vor allem um das Geräusch von sprechenden Menschen um sich zu haben. Eine gewisse Unzufriedenheit stellt sich nämlich oft bei ihm ein, wenn er nach erfolgreicher Arbeit nach Hause kommt und niemand dort auf ihn wartet. Irgendwie erwartet er ein Lob für seine Tagesleistung, doch die kann ihm der

Fernseher natürlich nicht geben. Der Fernseher läuft im Hintergrund, während er sich seine Abendmahlzeit zubereitet. Diese Mahlzeit kann er meist mehr genießen als das Frühstück. Es sei denn, seine Ex-Frau ruft an und macht, wie üblich, irgendwelchen Ärger wegen der Frage, wie und wann ihr gemeinsamer Sohn bei wem sein soll, usw. Manchmal würde er gerne mit einem Steinzeitmenschen tauschen, der nach erfolgreicher Jagd mit der Beute in die Höhle kommt, in der die ganze Gruppe schon gespannt auf ihn wartet. Ein fast alltägliches Glücksgefühl für „Herrn Steinzeit", für viele Singles heute eine Utopie oder der Ausnahmezustand. So stellt sich nach einiger Zeit bei „Herrn Neuzeit" trotz der Ruhe und der geringeren Belastung durch Bilder und Geräusche zu Hause ein Unzufriedenheitsgefühl ein. Er schaut dann Fernsehen oder checkt seine Mails im Internet und genehmigt sich eine Flasche Bier und einige Chips. Die lösen wenigstens kurze Momente von Wohlbehagen bei ihm aus. Fernsehen schafft das kaum noch. Er benutzt es vor allem, um so in eine Art Trance zu kommen. Doch diese Betäubung ist nicht die beste Vorbereitung für das Schlafen und so hat er mitunter Probleme einzuschlafen. Doch dafür hat er andere Tabletten.

Dieser kurze Einblick in das Leben von „Herrn Neuzeit" soll fürs Erste reichen. Nicht gesprochen haben wir über seine Zeit im Internet, sein Sexualleben, oft auch vor Bildschirmen, seine Art Urlaub zu machen, seine Hobbys, seine Probleme mit der Sprache seines Sohnes.

Ich hoffe, dieser kleine Durchgang durch die Geschichte hat Ihnen ein wenig Vergnügen bereitet, Sie aber auch vielleicht etwas nachdenklicher gemacht. Sind wir wirklich in der besten aller Zeiten, sind wir wirklich so glücklich und zufrieden in unserem modernen Leben? Kann man die Geschichte Deutschlands wirklich als eine Befreiungsgeschichte auch für den Einzelnen sehen?

Der heimatlose Mensch

Mir als Alt-60iger war so etwas wie Heimatgefühl immer suspekt. In meinen Augen hatte es etwas zu tun mit dem Musikantenstadel oder mit antiquierten Brauchtums- und Schützenvereinen, in denen meiner Wahrnehmung nach hauptsächlich gesoffen wurde. Doch in den heutigen Tagen ist „Heimat" auf einmal zu einem politischen Begriff mit Brisanz geworden. Es gibt jetzt (2019) tatsächlich ein Bundes-Ministerium, dessen Aufgabe es ist, Heimat zu schützen und das Heimatgefühl zu fördern. Nun, was diese Behörde konkret macht, ist wahrscheinlich nicht nur mir etwas rätselhaft. Soll hier deutsche Blasmusik, deutsche Volksmusik, Denkmäler gepflegt, die Bierbrau-Kunst gefördert werden oder was? Was soll das genau sein: Heimatpflege? Doch sicher ist: Ein solches Ministerium gäbe es nicht, wenn in dem möglichen Verlust nicht etwas politisch Bedrohliches gesehen würde. Man könnte auch sagen: Es würde dieses Ministerium nicht geben, wenn das Heimatgefühl vieler Menschen nicht bedroht wäre und wenn dies bei den Menschen kein Unbehagen auslösen würde. Und wenn die Politik sich dieses Unbehagens annimmt, dann heißt das wohl, dass die politischen Entscheidungsträger darin ebenfalls eine gesellschaftliche Relevanz sehen. Auslöser war offensichtlich der Zustrom von Millionen Flüchtlingen aus dem Nahen Osten und aus Nordafrika. Das ließ das Unbehagen eskalieren, das schon vorher da war. Das lag auch begründet in der nicht gelungenen Integration der türkisch-stämmigen Bevölkerung. Offensichtlich war diese Bevölkerungsgruppe, die eigentlich auf einem guten, integrativen Weg war, ab den 90er Jahren immer mehr in den Einfluss von Predigern geraten. Das Erscheinungsbild dieser Bevölkerungsgruppe in der Öffentlichkeit änderte sich. Der gut begonnene Integrationsprozess stoppte, und vor allen in den Großstädten bildeten sich Parallelwelten. Durch die Terrorakte radikaler Islamisten verstärkte sich das gegenseitige Misstrauen und die Abgrenzung. Durch die höheren Geburtsraten dieser muslimischen Stammbevölkerung in Deutschland und der neu aufgenommenen Asylanten entstand bei vielen deutsch-stämmigen Bürgern die Angst, bald in Städten zu leben, die eher dem Erscheinungsbild einer Stadt im Libanon als einer deutschen Stadt ähneln. Die Aufgabe dieses Buches ist es nicht abzuschätzen, ob diese Ängste berechtigt sind oder nicht. Die Veränderungen sind jedoch offensichtlich, und die Tendenz ist steigend. Der Einfluss muslimischer Lebensart wird in der Zukunft in Deutschland, so weit man die Zukunft voraussagen kann, massiv zunehmen. Diese Prognosen und Beschreibungen sind mittlerweile aber für viele Bürger aus dem Bereich der soziologischen Analyse in den Bereich der Alltagserfahrung gewandert. Auf den Straßen sieht man immer mehr Frauen mit Kopftüchern, arabische Geschäfte, Shisha-Bars öffnen, an vielen Orten entstehen neue Moscheen. In manchen Städten gibt es nur noch Dönerbuden und kein einziges „gut-bürgerliches Restaurant" mehr. In den Schulen wird immer mehr auf muslimische Belange und Feiertage Rücksicht genommen. Bei Kindergeburtstagen gibt es keine Gummibärchen mehr, weil das die Essgewohnheiten der Muslime verletzen könnte. Deutschstämmige Schüler werden von Arabisch-

Stämmigen beleidigt, weil sie Schweinefleisch essen oder Juden sind. Kunstwerke in Privatwohnungen, auf denen nackte Frauen zu sehen sind, werden abgehängt, wenn Muslime zu Besuch kommen, was allerdings selten der Fall ist. In den Fußballvereinen (Jugendmannschaften der Amateure) entfällt das gemeinsame Nacktduschen nach dem Spiel, usw.

Viele Menschen reagieren darauf mit der Angst, dass ihre Heimat und ihre Art zu leben, so wie sie sie kennen und lieben, von der Politik leichtfertig aufgegeben und unter dem Stichwort der Globalisierung oder der Multi-Kulti-Ideologie geopfert wird. Solche Ängste trieben viele Menschen in die Arme der AFD, was wiederum die etablierten Parteien so beunruhigte, dass wahrscheinlich auch aus diesem Grund ein Ressort für die Heimatpflege eingerichtet wurde. Dies sind die wichtigsten, gesellschaftlichen Rahmenbedingen, aus denen heraus die Debatte um den Heimatbegriff auf einmal eine große politische Relevanz bekommen hat.

Das Heimatgefühl ist im Bewusstsein der meisten Menschen nostalgisch besetzt. Das heißt, es hat etwas zu tun mit der Erfahrungswelt, der man in der Jugend ausgesetzt war. Diese wird im Laufe der Zeit oft immer mehr verklärt und positiv besetzt und das Gefühl der Nostalgie entsteht (Wahrscheinlich bin ich selbst ein Opfer dieses psychologischen Mechanismus, was die 60iger anbelangt.). Doch die Grundlage des Heimatgefühls ist weitaus tiefgründiger und archaischer, als man vermuten könnte.

Um auch von deutschen Kritikern ernst genommen zu werden, hilft es immer, sich auf Kant zu beziehen. In der

„Kritik der reinen Vernunft" legt Kant dar, dass das Bild, das wir von der Welt haben, nie die „Welt an sich" ist, sondern dass die Welt als Bild ein Produkt unserer Anschauungsformen ist. Dies bedeutet konkret, dass wir bestimmte Kategorien der denkenden und sensitiven Verarbeitung haben, mit der wir die Sinnesdaten und Denkinhalte gestalten. Das Bild, das wir von der Welt haben, ist demnach immer ein Produkt der Wechselwirkung von den Daten, die aus der Außenwelt auf uns einwirken und der Verarbeitung durch vorgegebene Anschauungs- und Denkformen. Jetzt werden Sie sich vielleicht fragen, was das mit dem Heimatgefühl zu tun hat. Nun, diese Überlegungen können vielleicht helfen zu klären, weshalb sich viele Menschen in einer naturnahen Umgebung wohl fühlen oder in den wenigen erhalten gebliebenen deutschen Kleinstädten mit alter organischer, mittelalterlicher Bausubstanz. Die Art, wie wir als Menschen die Welt auch heute noch im Prinzip sehen und erkennen, hat sich in der Zeit entwickelt, in der die Menschen in einer natürlichen Umwelt lebten, in der Formen vorherrschten, die in den Lebenswelten der Städte im heutigen Deutschland immer weniger zu finden sind. In der städtischen Umwelt dominieren der rechte Winkel und die gerade Linie, was im radikalen Gegensatz zu den natürlichen Formen steht, auf die unsere alten Programme ausgerichtet sind.

Man bedenke, welch kurze Zeitspanne die ungefähr 7000 Jahre der Sesshaftigkeit, die die Grundlage der Moderne war und ist, im Vergleich zu den ungefähr 200.000 Jahren darstellen, in der der Mensch in einer urtümlichen Natur-Welt lebte. Wenn man nicht annimmt, dass die

Anschauungsformen dem Menschen durch Gott gegeben wurden, dann heißt das, dass die Anschauungsformen selbst sich evolutionär entwickelt haben. Das bedeutet auch, dass sich ein Aspekt der Außenwelt in unseren Anschauungsformen wiederfindet. Von daher kann man annehmen, dass das Bild, das wir von der Welt haben, nicht willkürlich ist, sondern einen realen Teil derselben erfasst, ohne sie zu spiegeln. Jede Art hat eine andere Art, Welt zu sehen. Stellen Sie sich einmal vor, wie unterschiedlich wohl die Bilder von Welt sind, die eine Fledermaus, die nur Echobilder der Umgebung hat, oder die Welt eines Maulwurfs aussieht. Für eine Fledermaus oder einen Maulwurf entstehen Heimatgefühle dann, wenn ihre Anschauungsformen auf Reize treffen, die weitgehend den Reizen entsprechen, die in der evolutionären Entwicklung dazu geführt haben, dass sich die speziellen Anschauungsformen gebildet haben. Dasselbe gilt für den Menschen. Sehen Sie sich die Urlaubszeit an! Wo fahren die Menschen hin? Die meisten fahren ans Meer oder in die Berge, dorthin, wo es im Ansatz noch urtümliche Natur gibt. Die Berge und das Meer haben sich in den letzten Jahrhunderten auch verändert, aber nur auf den zweiten Blick. Die Phänomenologie ist weitgehend gleich geblieben.

Ich gehe also davon aus, dass das Heimatgefühl in uns eine sehr tiefe und relevante Rolle spielt, weil ich annehme, dass es aus dem Wunsch entsteht, seine Anschauungsformen und die aktuellen Bilder von Welt wieder mit den Reizen zusammen zu bringen, aus denen sie entstanden sind. Umgekehrt bedeutet es, dass der Mensch ein Unbehagen entwickelt, wenn seine Anschauungsformen mit zu vielen Reizen konfrontiert

werden, die nicht der Entstehungsgeschichte der Anschauungsformen selbst entsprechen. Wenn ein Maulwurf einer Welt ausgesetzt wird, sagen wir der Welt des Tageslichtes, wird er ein sehr großes Unbehagen entwickeln und er wird sich nach seiner Heimat, dem Erdreich, hingezogen fühlen. Eine Fledermaus, deren Echoerfassung der Welt permanent durch künstliche Echoquellen gestört wird, wird sich nach einem Ort sehnen, in der das nicht der Fall ist. Sie wird Heimatgefühle haben, wenn sie ihn erreicht.
Das Heimatgefühl hat also eine evolutionäre, natürliche, anthropologische Wurzel, die wohl bei fast allen Menschen sehr ähnlich ist. Deshalb ist es angeraten, das Unbehagen durch schwindende Heimatgefühle nicht als Gefühlsduselei abzutun. Die rapide zunehmende Künstlichkeit der Welt stellt die Psyche des Menschen vor große Probleme. Auch der Mensch ist keine „tabula rasa"!

Der Mensch ist aber in der Tat ungeheuer anpassungsfähig und nicht nur genetisch bestimmt. Das, was Heimat für ein Individuum ist, wird auch erlernt. Neben den beschriebenen urtümlichen Bildern und Anschauungsformen sind die Jugenderfahrungen der Menschen von entscheidender Bedeutung für das Heimatgefühl. Das heißt, das Heimatgefühl hat auch eine entwicklungspsychologische Wurzel.
Wenn wir auch die Grundmuster der Anschauungsformen und die daraus entstehenden Handlungs- und Erwartungsbilder von Welt von Natur aus mitbringen, so geschieht die konkrete und individuelle Ausprägung dieser Muster und Bilder doch durch die individuelle Erfahrungen, hier vor allem in den Kindheits- und

Jugendjahren. Es ist das angenehme Gefühl in einer Welt zu sein, die man von Jugend an kennt und zu der die eigenen konkreten Anschauungsformen von Welt sehr gut passen. Es ist das Bild und der Geruch des Sonntagsbratens, das gute Gefühl nach Hause zu kommen, wo Mama schon das Essen auf dem Herd hat, es ist das Bild, wie die Menschen damals angezogen waren, es ist das Bild der verräucherten Eckkneipen, die konkreten Bilder damaliger Autos, es ist das Rauschen der Analog-Radios und der legendären Piraten-Sender, es ist die Art des Fernsehens, es ist die Art der damaligen Bundesligaspiele und der Sportschau, es ist die Art der Familienfeste, es sind die italienischen Eisdielen und so weiter. Dieses Kaleidoskop entstammt, wie unschwer zu entnehmen, der 60iger-Zeit. Diese Bilder ändern sich natürlich von Generation zu Generation und sind von Mensch zu Mensch verschieden. Doch in unserer Zeit hat sich etwas Entscheidendes geändert: das Tempo der Entwicklung. Den jungen Menschen bleibt kaum noch Zeit sich an das Neue zu gewöhnen und schon ändert sich die Erscheinungswelt in wenigen Jahren von Grund auf. Man bedenke, die ersten privaten Computer gab es Ende der 80iger, das Handy in den 90igern, das Internet ebenfalls in diesem Jahrzehnt und das Smartphone im ersten Jahrzehnt des 21. Jahrhunderts. Und all diese technischen Erfindungen haben nicht nur das Verhalten der Menschen verändert, sondern auch die Lebensbilder, mit denen man konfrontiert wird. Ich denke, dass Menschen, die heute vielleicht 80 Jahre alt sind, es merkwürdig und befremdend finden, wenn sie immer mehr jungen Leuten auf der Straße begegnen, die anscheinend laut mit sich selbst reden. Die

Befremdlichkeit der Wahrnehmung bleibt auch dann noch, wenn ihnen klar ist, dass die jungen Leute über Kopfhörer mit einem Smartphone verbunden sind. Und das Tempo der Veränderung wird nicht abnehmen, was das Gefühl des Befremdens und der Heimatlosigkeit nicht nur bei alten Leuten verstärken wird. Doch je älter der Mensch wird, desto stärker werden solche Gefühle tendenziell. Die reale, sie umgebende Welt erscheint dann als fremd und unverstanden, weil sie mit den Jugenderinnerungen kaum noch übereinstimmt. Als Reaktion kann man bei vielen Menschen eine Sehnsucht nach den „Good old days" beobachten. Oft wird das dann mit der Wertung verbunden, dass früher eben alles besser war. Aber eigentlich bedeutet es, dass früher alles anders war, nicht besser oder schlechter, sondern anders. Dies hat ebenso wie das Ungleichgewicht zwischen evolutionär geprägten, archaischen Anschauungsformen und der realen Lebenswelt gravierende Folgen für das Wohlbefinden der Menschen. Das Grundgefühl, das diese Diskrepanzen auslöst, ist meist Hilflosigkeit und Angst. Das sind Gefühle, mit denen kein Mensch auf Dauer leben will und kann. Nach Ansicht der amerikanischen Psychologin Karen Horney führen solche Gefühle zwangsläufig zu Abwehrreaktionen wie Aggression, Flucht, Unterwerfung oder Betäubung. In unserer Zeit macht solch eine Grundstimmung die Menschen bereit, sich der Dauer-Berieselung durch Medien hinzugeben, sich durch Apps lenken und kontrollieren zu lassen und Lebenssinn im Konsum zu suchen. Es ist sehr schwer einem Menschen, nehmen wir als Beispiel einen Bergbauern, der sich in seiner Umgebung aufgehoben und eingebettet fühlt, zu einem fleißigen Konsumenten oder

Dauer-Fernsehschauer zu machen.

Neben diesen bisher besprochenen Wurzeln des verlorenen Heimatgefühls wird vor allem von der identitären Bewegung eine zivilisatorische Wurzel angeführt. Die Argumentation geht dabei ungefähr so: Im Laufe der Globalisierung komme es zu einem Kampf der Zivilisationen (Clash of civilisation). Dabei gehe es darum, sich zu seiner Zivilisation zu bekennen, um eine Unterwanderung und Übernahme (M. Houellebecq) durch die andere Zivilisation zu verhindern. Der Unterwanderungsprozess sei in Deutschland und den anderen wichtigsten westlichen Ländern durch islamische Staaten (Saudi Arabien, Iran, Türkei) bewusst gesteuert und er untergrabe das natürliche Heimatgefühl der Einheimischen. Die identitäre Bewegung ist in Deutschland konkret gegen die islamische Zivilisation gerichtet. Und wie in den meisten Kämpfen wird der Feind diabolisiert und abgewertet.

Die Grundlage der Argumentation der Identitären ist die Ansicht, dass nicht alle Zivilisationen oder Religionen gleichwertig sind und dass man das Recht habe zu versuchen, seine eigene Zivilisation gegenüber Eindringlingen zu verteidigen. Eine solche Behauptung ist wissenschaftlich nicht haltbar, da sie auf Wertungen beruht. Die wahre Grundlage des Misstrauens gegenüber fremden Zivilisationen und Religionen liegt meiner Meinung nach im Psychologischen, genauer gesagt im entwicklungspsychologischen Heimatempfinden. Man hat das Gefühl, die Migranten störten und zerstörten das Bild, das man von der Jugend her mit Heimat verbindet.

Betrachtet man es genauer, wird schnell klar, dass sowohl Migranten als auch Einheimische unter der gleichen

Angst leiden, die Heimat ihrer Jugend zu verlieren. Für die Migranten ist Deutschland meist genau so neu und fremd, wie uns ihre Welt ist. Gut nachvollziehbar ist, dass die Migranten diesem Unbehagen dadurch begegnen wollen, möglichst viele Gewohnheiten aus ihrer Heimat im neuen Land zu erhalten. Das führt dazu, dass immer mehr Stadtviertel zum Anziehungspunkt für Migranten aus Nordafrika, vorher der Türkei, dann des Balkans und nun aus Syrien werden. Das schafft ansatzweise Heimatgefühle in diesen Bevölkerungsgruppen, da es so auch leichter möglich ist, die meist sehr starken Familien- und Freundschaftsbande zu pflegen. Doch gerade für die erste Generation der Flüchtlinge wird es immer nur ein Ersatz sein und sie werden an den beschriebenen Gefühlen der Fremdheit leiden. Auf der anderen Seite verändern sich dadurch auch die Weltbilder und Verhaltenserwartungen der Einheimischen. Konkret reagieren sie oft mit Flucht aus diesen Vierteln, wodurch sich die Problematik verstärkt. Die verletzten Heimatgefühle könnten durch Integrationsbemühungen, vor allem von Seiten der Migranten in den nächsten Generationen überwunden werden. Dies wird vor allem aber die Aufgabe der Schulen sein, doch diese werden sich dabei vor sehr großen Problemen gestellt sehen, die sich nicht nur aus den Sprachproblemen ergeben, sondern auch daraus, dass ein sehr großer Anteil der Eltern der Zuwanderer sehr bildungsfernen Schichten entstammt. Wenn die Integration durch religiöse Blockaden und durch ausländische Einflussnahme zusätzlich behindert wird, werden sich die Probleme immer mehr konflikthaft zuspitzen, obwohl beide Gruppen eigentlich unter der gleichen Empfindung des verlorenen Heimatgefühls leiden. Ob daran ein Heimatministerium etwas ändern kann, ist da sehr fraglich.

Quintessenz: Die Menschen fühlen sich gerade in den großen Städten (Heute leben ungefähr 50% der Menschen in großen Metropolen.) immer heimatloser, weil die Stadt-Strukturen nicht mit ihren ursprünglichen evolutionären Programmen übereinstimmen. Das kann nicht verwundern, denn die Städteplanung richtete sich nach dem Krieg in Deutschland vor allem an Gewinninteressen und am Auto aus, nicht am Heimatbedürfnis der Menschen. Zudem bedeutet die heutige Beschleunigung der Entwicklung der gesamten Lebensumwelt, dass auch das entwicklungspsychologische Heimatgefühl immer weniger befriedigt wird. Die Menschen erkennen die Heimat, hässlich oder nicht, aus ihrer Jugend nicht wieder. Ein heimatloser Mensch ist aber auch in gewisser Weise ein haltloser Mensch, der ein geeignetes Opfer für Fremdbestimmung und für Formen von Ersatz-befriedigung durch Berieselung und Konsum ist.

Die zunehmende Reglementierung

Die grundlegende Erklärung für Reglementierung ist das Leben in der Gesellschaft schlechthin. Man könnte es einfach so formulieren: Überall dort, wo Menschenmassen auf einem begrenzten Raum zusammenleben, arbeiten und kommunizieren, muss es Regeln geben. Je größer die Gesellschaft und je kleiner der Raum, desto mehr an Regeln sind zu erwarten. Ein Teil dieser Regeln liegt in Gesetzesform vor, der weitaus größere Teil sind ungeschriebene Regeln, in Form von informellen Normen und Traditionen.
Ich bin in der Tat kein Freund der umfassenden Reglementierung unseres Lebens und manche der Reglementierungen erscheinen mir als unvernünftig. Aber hier geht es mir nicht darum, die Notwendigkeit oder den Sinn einzelner Reglementierungen zu bezweifeln. Ich behaupte also nicht, dass zum Beispiel Zebrastreifen oder Ampeln generell abzulehnen seien, es ist klar, dass sie in Anbetracht der Menge der Menschen, die auf engem Raum zusammenleben, absolut nötig sind. Mir geht es hauptsächlich darum, dem Leser vor Augen zu führen, wie vielfältig und fast allumfassend die Reglementierung im Deutschland des Jahres 2020 ist, und dass dies eher zunehmen als abnehmen wird. Ich werde nun an einzelnen Beispielen Ausmaß und Tendenz der Reglementierungen analysieren.
Rufen wir unseren alten Vorgänger „Herrn Steinzeit" wieder auf den Plan und betrachten aus seinen Augen

heraus einmal die Bewegungs-Freiheit. Stellen wir uns also die Frage, wo, wann und wie wir uns im Raum bewegen können. Ich habe den Verdacht, dass es den meisten Menschen in unserem Lande gar nicht mehr auffällt, wie eingeschränkt unsere Mobilität tatsächlich ist. Und das trotz Auto und Flugzeug!

Da wäre „Herr Steinzeit" wahrscheinlich verdutzt, wenn er erfahren würde, dass man heute große Teile der Welt nur über bestimmte, gekennzeichnete Wege betreten darf. Straßen darf man manchmal nur an bestimmten Stellen (Zebrastreifen) und Zäune oder anders gekennzeichnete Flächen darf man gar nicht überqueren, weil das die Eigentumsrechte anderer verletzt oder dies in den Verkehrsregeln so niedergelegt ist. Im benachbarten belgischen Ausland findet man zwischen den Feldern hin und wieder noch aus dem Mittelalter stammende Drehkreuze, an denen die Bauern oder Jäger auch die Wiesen und Parzellen überqueren durften, die ihnen nicht gehörten. Dies ist im Prinzip in Deutschland nicht mehr möglich. Versuchen Sie einmal den Bereich einer Villa, sagen wir am Bodensee, zu betreten mit der Begründung, Sie wollten nur schwimmen gehen. Das dürfte einen Polizeieinsatz provozieren, einmal abgesehen davon, dass Sie an dieser Stelle dann sicher auch nicht das Recht haben zu schwimmen. Wahrscheinlich werden Sie so etwas für nicht besonders dramatisch halten. Aber es kann problematisch werden. Bei einem Großfeuer in Spanien starben viele Menschen, obwohl das Meer nur 50 Meter entfernt war. Es gelang ihnen nicht dorthin zu kommen, da Zäune und Absperrungen von Privatvillen den Weg versperrten.

Ich meine zu wissen, was „Herr Steinzeit" dazu sagen

würde. Er würde es für glatt unvorstellbar halten, dass ein Mensch sich in einer Umwelt, in der man sich noch nicht einmal frei im Raum bewegen kann, wohlfühlen kann. Die Indianer Nordamerikas hatten viele Jahre später genau diesen Konflikt, als die weißen Siedler anfingen, Land einzuzäunen und behaupteten, das gehöre nun ihnen. Anfangs lachten die Indianer darüber, weil sie es für eine Form von Irrsinn hielten, zu glauben, man könne ein Stück dieser Erde besitzen. Die Erde und jedes Stück Land gehörten Manitou oder anders gesagt: der Natur. Sobald der Besitz eingezäunt oder gekennzeichnet war, behaupteten die Siedler, nun gehöre ihnen auch das Wasser, die Fische, das Wild und das Gold dieses Landes und sie nahmen sich das Recht jeden zu töten, der das nicht verstand oder einsehen wollte. Da lachten die Indianer vielleicht auch noch, aber nicht mehr, als man systematisch anfing, sie auszurotten und zu vertreiben.

Das Prinzip, dass man ausgeschlossen und gehindert wird, Land und Wege frei zu benutzen, gilt im heutigen Deutschland noch sehr viel stärker als in der Wildnis des frühen Amerikas. Geschossen wird bei uns weniger als im Wilden Westen, auch weil wir uns daran gewöhnt haben und uns entsprechend verhalten.

Mittlerweile streiten sich Regierungen darum, wem die Ozeane gehören oder wem die Walfische und bald wird man sich dann wohl darum streiten, wem der Mond oder der Mars gehören. Gehört der Mond den Amerikanern, nur weil sie die amerikanische Fahne zuerst dort eingepflockt haben? Ich halte das absolut nicht für eine rhetorische Frage. Der Mond ist noch ein wenig weit weg, doch ganz ähnliche Problematiken ergeben sich aufgrund des Klimawandels nun für die Arktis. Bisher interessierten sich die Politiker nicht besonders für diese Wüsten aus Eis. Doch nun beginnen ganze Regionen aufzutauen und das Polarmeer wird schiffbar. Schon jetzt sind gravierende politische Konflikte um diese bisher belanglosen riesigen Land- und Wassermassen zu erkennen. Am ehesten werden die wohl in und um Grönland herum ausbrechen. Wird Grönland weiter zu Dänemark gehören oder haben die Russen dort ursprüngliche Rechte, oder wird sich Grönland als selbstständiges Land etablieren wollen? Die Chinesen als neue Weltmacht mischen sich in diese neuen Freizonen auch ein. Sie gehen still und pragmatisch vor, finanzieren Häfen und Lagerstätten und gewinnen so auch in diesen Gebieten Einfluss.

Doch kommen wir zurück nach Deutschland. Was würden wohl Asterix und Obelix dazu sagen, dass man sich im Wald nicht mehr frei bewegen kann. Wahrscheinlich: „Die spinnen, die Deutschen".
In den meisten Wäldern ist es ausdrücklich verboten, die Waldwege zu verlassen. Als Kinder haben wir diesem Verbot oft getrotzt und fühlten uns dabei wie Abenteurer und kleine Robin Hoods. Oder anders gesagt, die meisten Kinder können solche Verbote gar nicht begreifen und sich noch weniger vorstellen, dass die meisten Erwachsene solche Regeln ohne größeren inneren Widerstand befolgen. Die Begründungen für diese Verbote liegen oft im Jagdrecht oder in Naturschutzverordnungen. Hier interessieren uns aber nicht Begründungen, sondern nur Wirkungen. Ähnlich reglementierende Beschränkungen gelten auf unseren Flüssen, Seen und Küsten.
Kommen wir zum Auto. Wenn man heutigen Menschen in

Deutschland Fragen nach dem Bewegungsspielraum stellt, denken die meisten wahrscheinlich gar nicht mehr an rein körperliche Bewegung, sondern ans Autofahren. Der Bewegungsspielraum mit dem Auto ist natürlich erst einmal durch die Straßen vorgegeben. Autos ohne Straßen sind kaum denkbar, wenn man keine Farm in den USA oder in sonstigen, weitläufigen Gebieten besitzt. Nebenbei bemerkt: Auch der Übergang vom Pferd zum Auto brachte nicht nur Vorteile, sondern war mit Einschränkungen von Bewegungsfreiheit verbunden.

Autofahren ist nicht nur durch Straßen beschränkt, sondern durch unzählige Regeln, was man wo mit seinem Auto machen darf. Da mit der Einschränkung von Bewegungsmöglichkeiten auch eine Einschränkung von Freiheit verbunden ist, ist das kein geringer Preis, den wir für den „Fortschritt" zahlen mussten. Doch da Autofahren einen noch mehr als das Reiten ein wenig von den Beschränkungen der Schwer- und Muskelkraft befreit, hat es ja tatsächlich Vorteile und kann einem immer noch ein Gefühl von Freiheit vermitteln. Dieser Gedanke ist heute aus ideologischen Gründen ziemlich verpönt. Aber vielleicht erinnern sich die Älteren noch an das Gefühl, wenn man in den 60igern oder 70igern allein durch die Nacht fuhr. Man war dann quasi alleine mit den Sternen und fühlte sich vielleicht wie der Kapitän eines Schiffes, das sich auf den unendlichen Horizont zubewegt.

Reste dieser Gefühle und Bedürfnisse ausnutzend, werden heute immer mehr Quasi-Geländewagen verkauft, von denen allerdings nur wenige je auf nicht befestigten Straßen fahren werden.

Wie sieht das konkrete Autofahren heute aus? Um auf die Sterne oder die Landschaft zu achten, müsste ich freie

Kapazitäten der Aufmerksamkeit haben. Die habe ich aber immer weniger angesichts der allgegenwärtigen Schilder, der Blitzen und all der anderen Autofahrer auf den Straßen. Doch es gibt nicht nur immer mehr neue Schilder, sondern auch immer neue Regeln. Gerade heute, im August des Jahres 2019, sind weitere Schilder und Regeln in Arbeit.

Diese werde ich jetzt exemplarisch genauer analysieren, um daran das Ausmaß der Reglementierung und die, in meinen Augen oft unangemessene, pädagogische Zielrichtung dahinter, herauszuarbeiten.

Auf den ersten Blick erscheinen solche Veränderungen, hier der Verkehrsregeln, vielleicht ziemlich belanglos zu sein, doch man kann sie auch als ein Symptom dafür sehen, wie sich die Schlinge der Reglementierung und Kontrolle immer mehr zuzieht. Nun zu den neuen Verkehrsregeln, die ab dem 28.4.2020 in Kraft getreten sind.

Neue und erhöhte Geldbußen

Parken in zweiter Reihe wird teuer: *Wer in zweiter Reihe, auf Geh- und Radwegen oder auf Schutzstreifen parkt, muss in Zukunft mit bis zu 100 Euro Bußgeld rechnen. Bisher waren es 15 Euro.*

Früher durfte man für einige Minuten, ohne dass man ein Bußgeld riskierte, auch auf Gehwegen und Fahrradwegen parken. Die bisherigen Bewegungs- und Handlungsmöglichkeiten der Autofahrer werden nun zugunsten der Radfahrer und Fußgänger eingeschränkt. Nicht alle Autofahrer können mit dem Fahrrad ihre Einkäufe machen. Zudem vertraut man nicht mehr darauf, dass Autofahrer, Radfahrer und Fußgänger durch die Vernunft geleitet, selbst einen Weg finden, um Problemsituationen zu lösen. Heute werden immer mehr solcher Situationen, die wunderbar durch Angemessenheit und Vernunft zu regeln wären, zu juristischen Fällen. Die Menschen fragen sich also nicht mehr, was denn in der konkreten Situation die beste Lösung sei, sondern wer Recht hat. Und das vergiftet die Atmosphäre des Miteinanders gewaltig. Radfahrer müssen als schwächere Teilnehmer des Straßenverkehrs besonders geschützt werden, das ist richtig und soll so sein. Doch Autofahrer werden auf einmal zu einem Verkehrsteilnehmer zweiter Art. Viele Autofahrer haben in letzter Zeit schon erlebt, dass sie von Fußgängern oder Radfahrern verbal massiv angegriffen wurden. Manchmal, wie ich durch eigene Erlebnisse bestätigen kann, geht das bis zur Gewaltandrohung oder tatsächlicher Gewalt. Anzeigen werden dazu oft nicht erstattet, weil die meisten Autofahrer zumindest das Gefühl haben, dass Radfahrer oder Fußgänger als schwächere Verkehrsteilnehmer unabhängig von der konkreten Situation mit mehr Verständnis rechnen können als sie.

320 Euro bei Missachtung von Rettungsgassen: *Keine Rettungsgasse gebildet? Dann drohen in Zukunft Bußgelder zwischen 200 und 320 Euro sowie ein Monat Fahrverbot und der Eintrag von zwei Punkten im sogenannten Fahreignungsregister in Flensburg.*

Notbremsassistenzsystem muss ab 30 km/h an sein: *Verboten wird das Abschalten von Notbremsassistenzsystemen durch den Fahrer ab einer Geschwindigkeit von mehr als 30 km/h. Wer gegen die* *neue Vorschrift verstößt, muss bis zu 100 Euro zahlen und bekommt einen Punkt im Fahreignungsregister.*

Der grundlegende Unterschied zwischen der Strafveränderung bei den Rettungsgassen und dem Entwurf zu dem Notbremsassistenten ist der, dass in dem einen Fall eine Unterlassung höher bestraft wird und in dem anderen, ein bestimmtes Verhalten gefordert wird, nämlich sich reglementieren zu lassen. Die Reglung zum Notfallassistenten ist ein weiterer Schritt dahin, dass nicht wir selbst unser Verhalten steuern, sondern Maschinen und Computer. Der Assistent bremst dann für uns in kritischen Situationen. Hört sich für Viele vielleicht wirklich harmlos und vernünftig an. Doch ich halte es gar nicht für harmlos, wenn Maschinen der Vorrang vor unserer persönlichen Entscheidung gegeben wird. Wichtig ist auch, dass durch solch einen Notfallassistenten die Aufmerksamkeit des Fahrers verlagert wird. Er wird sich vielleicht weniger darauf konzentrieren, ob sich in der Gesamtsituation eine Gefahrenlage andeutet. Der Assistent wird ja im Notfall schon reagieren. Das spielende Kind am Seitenrand ist dann keine besondere Fokussierung mehr wert, da ja der Assistent eingreift, wenn das Kind doch über die Straße laufen sollte.

Was mit den Autofahrern geschieht, die keinen solchen Assistenten haben, dürfte auf Dauer absehbar sein. Irgendwann werden die Versicherungen höhere Prämien verlangen, wenn man ihn nicht hat. Das heißt, dass auch damit zu rechnen ist, dass sich aus solchen Reglungen weitere Einschränkungen von Möglichkeiten ergeben.

Vorfahrt für Carsharing: Mindestens zu dritt im Auto - dann kann 's zukünftig wahrscheinlich schneller durch den Stau gehen.

Hier steht im Vordergrund wieder der Wille des Gesetzgebers, das Verhalten der Autofahrer zu ändern. Dabei geht es in erster Linie nicht darum, andere Menschen nicht zu gefährden, sondern darum Menschen dahin zu bringen sich wünschenswert im Sinne des Gesetzgebers zu verhalten. Was korrekt und wünschenswert ist, entscheidet der Staat. Wir sollen, wenn wir Auto fahren, möglichst nicht alleine fahren. So weit, so gut! In den 60igern hatte sich schon eine Art des Mitnehmens von Reisenden entwickelt: das Trampen. Dieses wurde aber durch formelle, gesetzliche Reglungen systematisch behindert, vor allem dadurch, dass das Trampen an Autobahnauffahrten verboten wurde. So sah man in den letzten Jahren kaum noch Tramper, die ihren Daumen reckten um mitgenommen zu werden. Diese Form von Car-Sharing war den Verantwortlichen wohl ein Dorn im Auge, weil dadurch unkontrollierte Freiheiten entstanden. Die Behinderung des Trampens war auch eine Folge der Terrorismus-Hysterie in den 70er Jahren, weil einige Terroristen diese Form der Fortbewegung nutzten.

Das heutige Car-Sharing wird immer mehr durch Apps digital gesteuert. Und alle, die auf diese Daten zugreifen können, haben damit auch beste Möglichkeiten herauszufinden, wo und wie sich die Nutzer der Autos bewegen. Ein Alptraum für alle Menschen, denen die Freiheit des Menschen das höchste Gut ist. Begründet werden solche Reglementierungen meist mit Sicherheitsaspekten. In diesem Sinne ist der Terrorismus oder eine Pandemie für Institutionen, die an möglichst lückenloser Kontrolle ein Interesse haben, immer willkommen. Doch stehen diese pädagogischen Absichten des Staates nicht im Widerspruch zu dem Prinzip der Demokratie? Wann haben wir dem Staat das Recht gegeben, unser Verhalten steuern zu sollen? Wir haben ihm ursprünglich nur das Recht gegeben, Rahmenbedingungen so zu setzen, dass sich der Einzelne möglichst uneingeschränkt in seinen Entscheidungen verwirklichen kann. Das dachte ich jedenfalls. Doch es scheint, dass diese Prämisse längst aufgegeben wurde.

Freigabe von Bussonderfahrstreifen: *Busspuren frei für Fahrzeuge mit mehr als drei Insassen - egal ob Auto oder Motorräder mit Beiwagen. Ein neues Verkehrszeichen soll das signalisieren. Auch Elektrokleinstfahrzeuge können - wenn die zuständige Straßenverkehrsbehörde das sinnvoll findet - auf Busspuren zugelassen werden. Diese Möglichkeit besteht schon seit 2015 für elektrisch betriebene Fahrzeuge.*

Ein kleiner Seitenhieb sei mir zu der Sinnhaftigkeit dieser neuen Regelung gestattet. Glaubt der Gesetzgeber wirklich, man würde nur deshalb jetzt mehrere Personen mitnehmen, weil man dann die Busspur benutzen darf? Ich würde gerade, wenn ich noch andere Personen im Auto habe, sehr vorsichtig sein, überhaupt eine Busspur zu benutzen. Erinnern Sie sich bitte, was Sie empfinden, wenn plötzlich ein Bus hinter Ihnen auftaucht. Mehr Stress geht kaum. Auch hier wieder ein unangemessenes, pädagogisches Prinzip. Es geht nicht um ein konkretes Verhalten, sondern um die Förderung einer Einstellung.

Parken auf der Fahrbahn für Elektro-Fahrzeuge: *Geplant ist, dass Straßenverkehrsbehörden auch Parkflächen für elektrisch betriebene Fahrzeuge auf der Fahrbahn markieren können.*

Parkplätze für Carsharing: *Für Carsharing-Fahrzeuge soll es extra ausgewiesene Parkplätze geben. Auch dafür gibt es ein neues Zeichen. Einen entsprechenden Ausweis können Carsharing-Nutzer hierfür hinter die Windschutzscheibe lege*

Überholverbot von Radfahrenden: *Wenn es zu eng und unübersichtlich wird an einer Stelle auf der Straße, kann die Stadt oder Gemeinde dieses neue Verkehrszeichen aufstellen: Hier herrscht dann Überholverbot von Fahrrädern und anderen einspurigen Fahrzeugen.*

Klarer Mindestabstand beim Überholen: *Mindestens 1,5 Meter innerhalb und zwei Meter außerhalb von Ortschaften - dieser Abstand muss von Kraftfahrtzeugen beim Überholen von Fußgängern, Radfahrern und Elektrokleinstfahrzeugen eingehalten werden. Bisher schreibt die Straßenverkehrsordnung lediglich einen "ausreichenden Seitenabstand" vor.*

Das Gleiche, was ich zu der Personenanzahl und den Busfahrspuren gesagt habe, gilt für diese obigen Regeln. Hier geht es nur darum, das Verhalten der Bürger hinsichtlich der nun herrschenden, politisch korrekten Meinung in eine bestimmte Richtung zu lenken. Man will die Bürger dahin bringen, Elektroautos zu kaufen und Carsharing zu machen. Noch sind es Anreize, bald werden vielleicht differenzierte Steuersätze und Versicherungsprämien das Verhalten direkter steuern. Diskutiert wird in der Öffentlichkeit zur Zeit meistens, ob die Regeln sinnvoll sind, um die Umwelt zu retten und eine Klimakatastrophe zu vermeiden, nicht aber, welche Veränderungen des Menschenbildes hinter dieser zunehmenden Reglementierung des Verhaltens freier Bürger durch den Staat steckt.

Generelles Halteverbot auf Schutzstreifen: Auf Schutzstreifen für den Radverkehr - markiert durch eine gestrichelte Linie - soll künftig ein generelles Halteverbot eingeführt werden. Bislang können Autos noch bis zu drei Minuten dort halten, was oft dazu führt, dass sie Radfahrenden den Weg versperren.

Ausweitung des Parkverbots an Kreuzungen: Die Sicht zwischen Straße und Radweg soll verbessert werden, indem vor Kreuzungen und Einmündungen das Parkverbot ausgeweitet wird, wenn dort neben der Straße ein Radstreifen verläuft.

Neue Privilegien für Fahrradfahrer

Extra-Platz für Lastenfahrräder: Noch ein neues Schild, dieses gilt speziell für Lastenfahrräder. Mit dem Schild können Parkflächen und Ladezonen ausschließlich Lastenfahrrädern vorbehalten werden. Auch darüber entscheiden die zuständigen Straßenverkehrsbehörden.

Nebeneinanderfahren gern gesehen: Wer auf dem Fahrrad nebeneinander fährt, dem ist das zukünftig ausdrücklich erlaubt. Die bisherige Formulierung in der StVO stellt das Hintereinanderfahren in den Vordergrund.

Radschnellwege: Das Verkehrszeichen "Radschnellweg" soll in die StVO aufgenommen werden. Damit können

auch Wege unabhängig von der Art der Fahrbahn als Radschnellwege ausgezeichnet werden, wie zum Beispiel Wege mit sandigem Untergrund.
Freie Fahrt auf mehr Einbahnstraßen:
Straßenverkehrsbehörden sollen verstärkt prüfen, ob sie Einbahnstraßen in Gegenrichtung für Radfahrende öffnen. Dafür soll die Allgemeine Verwaltungsvorschrift zur StVO geändert werden.

Diese letzten Reglungen habe ich nur der Vollständigkeit aufgenommen. Kommentieren werde ich Sie nicht, weil ich mich sonst nur wiederholen könnte.

Nur als kleine Ergänzung möchte ich die Tatsache wieder in Erinnerung rufen, dass die deutsche Wirtschaft nicht unerheblich durch die Autoindustrie geprägt ist. Man hat den Eindruck, als wollten einige Politiker die Autos komplett abschaffen. Man soll dann bitte aber auch sagen, wie denn ohne diese Schlüsselindustrie unser Sozialsystem bezahlt werden soll.
Kommen wir zu weiteren Lebensbereichen, in denen Reglementierungen immer mehr zugenommen haben und zunehmen. Im Prinzip gibt es keinen wichtigen Bereich des Zusammenlebens, der nicht durch staatliche Vorgaben reglementiert ist. Ich muss mich dabei aber auf Andeutungen und einige Beispiele beschränken, weil dieses Kapitel sonst ausufern würde.

Die Unterrichtsfreiheit des Lehrers wurde immer mehr eingeschränkt, um eine Vereinheitlichung der Bildung zu erreichen. Vereinheitlichung ist aber meist die Vorstufe von Vermassung und Gleichschaltung.

Das Baurecht gibt strikte, meist technische Parameter vor, überlässt aber die ästhetische Gestaltung weitgehend den Bauherren und die sind oft nur am Profit interessiert.

Jedes Restaurant, jede Imbissstube unterliegt strikten Hygiene- Vorschriften.

Für Gewerbetreibende gibt es genaue Vorschriften, was eine Werbung enthalten muss. Eine ganze Industrie, die Abmahngesellschaften, konnte gut davon leben, kleinen Gewerbetreibenden Mahnbescheide zu schicken, weil die in ihren Kleinanzeigen zum Beispiel nicht ihren Vornamen ausgeschrieben hatten.

Man denke auch an solche Vorschriften, dass man für Männer und Frauen unbedingt getrennte Toiletten haben muss, auch wenn nur eine oder gar keine Frau im Betrieb arbeitet.

Oder man denke daran, dass es zur Förderung der Gleichberechtigung zwischen Mann und Frau Quotenreglungen gibt, wobei die Kompetenz erst an zweiter Stelle steht.

Oder man denke an die Vorschriften für Pensionen und Hotels, was in einem Frühstück serviert werden darf und was nicht. Zu meinem Leidwesen verschwanden damit auch in den kleinen Pensionen die selbst gemachten Marmeladen. Jedes kleine Stück Butter oder Marmelade muss eingepackt sein.

Zur Zeit hat man den Kampf gegen den Plastikmüll begonnen. Geht es wirklich um die Sache oder um die Reglementierung selbst, muss man sich da fragen. Der Plastikmüll, der unsere Ozeane verschmutzt, stammt doch nicht von einzelnen, ignoranten Individuen, sondern von kommerziellen Firmen, die Müll illegal entsorgen. Dagegen vorzugehen, wäre eigentlich die Aufgabe des Staates oder der Staaten.

Selbst im Fußball versucht man durch den sogenannten Videobeweis das Spiel noch mehr zu reglementieren. Dass es dadurch an Attraktivität verliert, spielt anscheinend keine Rolle. Reglementierung scheint auch hier ein Wert an sich zu sein.

Oder man denke an die Vorschriften, wie viel Lebensraum Schlachttiere haben müssen. Der war und ist so niedrig angesetzt, dass es offensichtlich eine Tierquälerei ist. Vielleicht sind die Vorschriften aber selbst ein Grund für die KZ-Haltung von Tieren. Der Bauer oder Tierzüchter braucht sich nicht mehr zu fragen, was denn seiner Meinung nach für ein Schwein oder ein Huhn ein angemessener Lebensraum ist. Niemand, der von seinem Gefühl oder seinem Verstand die Sache beurteilen würde, käme zu dem Ergebnis, dass für ein Huhn ein halber Quadratmeter ausreicht. Aber wenn es den Vorschriften entspricht, dann ist es ja in Ordnung, dann ist es rechtens. Diese Verschiebung der Wertorientierung findet man überall, wo man durch Reglementierungen Verhalten steuert.
Seit dem 1.3. 2020 müssen Schüler und Kindergartenkinder nachweisen, dass sie gegen Masern geimpft sind.

Der Staat verpflichtet die Eltern also ihre Kinder impfen zu lassen. Auch dahinter steckt wieder eine gute Absicht, aber auch wieder ein Eingriff in die elterliche Privatsphäre. Man glaubt also, die Menschen seien nicht in der Lage, zu beurteilen, was ihrem Kind nütze.

In Deutschland wurde die Pfandpflicht eingeführt und soll nach dem Willen der Grünen noch erweitert werden. Merkwürdig, dass gerade in Deutschland, das einmal bekannt war für das besondere Ordnungs- und Sauberkeitsbewusstsein seiner Bürger, dies gesetzlich geregelt werden muss, anders als in Frankreich oder Holland.

Erinnere ich mich an die Zeiten des Aufbruchs in den 60igern, so kommt mir die Reglementierungs-Inflation sehr merkwürdig vor und macht mich wütend und ich frage mich, wie es passieren konnte, dass heute fast jeder Lebensbereich nicht weniger, sondern mehr reglementiert ist. Heute erdreistet sich der Staat in fast jedem Bereich den Menschen vorzuschreiben, wie sie sich verhalten sollen, ohne dass sich dagegen massiver Widerstand regt.
Man muss zugeben, dass die Reglementierungen heute besser begründet werden. Meist im Sinne von Umweltschutz, Klimaschutz, Artenvielfalt, Nachhaltigkeit oder Gerechtigkeit oder Alternativlosigkeit. Doch diese Reglementierungen haben ein Ausmaß angenommen, das ungeheuerlich und in meinen Augen geeignet ist, eine radikale Transformation der Gesellschaft und des Einzelnen vorzubereiten.

Die direkte Überwachung und Kontrolle der Menschen

Wie oft konnte ich in letzter Zeit lesen, dass die Dystopie von Orwells Meisterwerk „1984" längst von der Wirklichkeit übertroffen sei. Unfassbar, dass solche Feststellungen dann nicht mit Forderungen nach Gegenmaßnahmen oder Protestaufrufen verbunden werden. In der Regel wird der Bezug zu „1984" als amüsante Randnotiz behandelt. Irgendwie ist es aber nicht amüsant. Schauen wir uns also einmal an, wie die Kontrolle heutzutage organisiert ist. Einmal wird kontrolliert, ob wir den jeweiligen Reglementierungen gehorchen oder nicht, also zum Beispiel, ob wir richtig parken oder die Tempolimits beachten. Das Ausmaß dieser Kontrollen, vor allem im Verkehrsbereich, hat in demselben Maße zugenommen wie die gesetzlichen Reglementierungen selbst und die finanzielle Notlage der meisten Kommunen. Um den Staatssäckel zu füllen, sind in vielen größeren Städten viele Mitarbeiter des Ordnungsamtes unterwegs um Verstöße zu ahnden. Dies belastet die Autofahrer finanziell und untergräbt ihre Bereitschaft in die Städte zum Einkaufen oder zur Freizeitgestaltung zu fahren. Auch das ist mitverantwortlich dafür, dass das öffentliche Leben in den Städten nach Geschäftsschluss immer mehr abnimmt.
Wer kennt nicht den zusätzlichen Stress, der durch Parkplatzsuche und durch die Angst vor Knöllchen entsteht? Ich bin sicher nicht der Einzige, der so weit von der Stadt entfernt wohnt, dass er kleine Besorgungen oder

einen Club- oder Restaurantbesuch nicht mit dem Fahrrad machen kann. Und ich bin sicher nicht der Einzige, der immer häufiger zu Hause bleibt, weil er sich den Park-Stress nicht antun will. Natürlich kann man seinen Wagen auch in einem Parkhaus unterstellen. Doch wer ist bereit, dafür bis zu 4 Euro pro Stunde zu zahlen, wenn man nur einmal kurz in seiner Lieblingsbar etwas trinken will? Schon die innere und äußere Ästhetik von Parkhäusern kann einem die Freude verderben. Wer sich dort heimisch fühlt, muss die Mentalität und Anschauungsformen eines Grotenolms haben.
Ähnliches gilt auch für die Kontrollen von Tempolimits durch Blitzen. Diese dienen leider nicht immer der Sicherheit, sondern sie werden auch aufgestellt, wo man davon ausgehen kann, dass viele Autofahrer das Tempolimit besonders häufig übertreten, weil dort eine besondere Vorsicht zu bestimmten Zeiten gar nicht angebracht erscheint. Diese Form von Blitzen, die offensichtlich nur dem Abkassieren dienen, lehne ich natürlich ab. Das gilt aber nicht für Tempokontrollen durch Blitzen generell. Es ist nämlich sehr fraglich, ob sich die meisten Autofahrer aus Verantwortung und Respekt vor dem Anderen vernünftig verhalten würden. Dass viele Autofahrer sich im Straßenverkehr sehr rücksichts- und verantwortungslos zeigen, liegt auch an dem großen Stress, dem viele heutzutage ausgesetzt sind. Es hat vielleicht aber auch damit zu tun, dass die bürgerliche, vermögende Mittelschicht immer mehr ausgedünnt wurde. Wenn man altes Vermögen und einen guten finanziellen Background hat, stellt sich leichter eine gewisse Gelassenheit ein. Bei den Geschäftsleuten, denen man heute oft auf der Autobahn begegnet, hat man

dagegen manchmal das Gefühl, es ginge bei ihnen um Alles oder Nichts.

Zudem muss man feststellen, dass auch die Vermischung der Kulturen dafür verantwortlich ist, dass man heute auf deutschen Straßen mit einem Verhalten im Straßenverkehr rechnen muss, das man früher eher aus dem Orient oder in Afrika kannte. Das Hupverhalten in Istanbul und in Aachen war vor Jahrzehnten deutlich unterschiedlich, heute nicht mehr.

Doch das ist nicht Thema dieses Buches, mir geht es darum zu zeigen, was in der Psyche der Menschen passiert, die jetzt damit rechnen müssen, durch staatliche Stellen überall und zu jeder Zeit kontrolliert zu werden. Durch die zu erwartenden Kontrollen kann sich das Empfinden der Menschen im Autoverkehr sehr verändern. Das angenehme Gefühl, der Schwerkraft trotzend, seinen Besorgungen oder kleinen oder größeren, persönlichen Plänen mittels der Fortbewegung in einem Auto nachzukommen, weicht dann vielleicht der Gefühlslage einer ständigen Bedrohung durch eine moderne Form von Wegelagerei. Dies erhöht den eh schon hohen Grundstress von Menschen im modernen Deutschland und es untergräbt das Gefühl, diese Stadt oder diese Wege seien ein Teil von meiner Heimat.

Heute sind die Straßen nicht nur voll von Blitzen, Laserkanonen und Politessen, die kontrollieren und abkassieren, sondern an sehr vielen Stellen der großen Städte sind Beobachtungs-Kameras installiert. Wenn man 500 Meter durch eine Großstadt geht, dann kann man sicher sein, von irgendeiner Kamera erfasst worden zu sein. Noch leben wir nicht in einem Staat wie China, wo zum Beispiel alle Ausländer, die in das Land einreisen, mit einem Gesichtserkennungsprogramm erfasst werden. Diese Scans können dann jederzeit mit den Aufnahmen von ungefähr 300 Millionen Überwachungskameras abgeglichen werden. Die kleinste Auffälligkeit oder Übertretung kann so zentral erfasst, gespeichert und bei Bedarf sanktioniert werden.

Vielleicht wird das in Deutschland bald ganz ähnlich aussehen. Meine Befürchtungen erhärteten sich, als Ende des Jahres 2019 vom Innenministerium ein Vorschlag kam, die Einwohnermeldeämter sollten die Passfotos in der Behörde selbst machen, weil es einigen Personen gelungen war, die Fotos so durch eine Bearbeitungsapp zu modellieren, dass die Person nicht mehr durch ein biometrisches Gesichtserkennungsprogramm eindeutig zu bestimmen war. Indirekt kann man daraus ableiten, dass die Behörden jetzt schon auf Grund unseres Passfotos einen biometrischen Abgleich mit Bildern von öffentlichen Kameras machen können.

Genau dies haben die chinesischen Behörden auch eingesetzt, um bei der Coronakrise heraus zu finden, wer ein bestimmtes Geschäft betreten hatte, in dem eine infizierte Person arbeitete. Solche Möglichkeiten bei der Bekämpfung von Epidemien, aber auch bei der Aufklärung von kriminellen oder terroristischen Taten werden viele Staaten animieren, ähnliche Kontrollmöglichkeiten bei sich zu nutzen. Das scheint mir nur noch eine Frage der Zeit zu sein.

Ich erinnere mich daran, welchen Widerstand es gegen die Volkszählung in den 80igern in Deutschland gab. Wo sind diese Widerstandskämpfer heute, wo wir permanent von Kameras beobachtet werden?

Was bewirkt diese immer umfassender gewordene Kontrolle und Überwachung im Menschen? Es schränkt einmal, unsere tatsächlichen Freiheiten ein, auch die Freiheit einmal Dummheiten zu machen. Ist das nicht gerade ein Privileg der Jugend?
Darüber hinaus habe ich die generelle Vermutung, dass wenn man Menschen immer mehr wie Ameisen behandelt, sie dann auch immer mehr ameisenartig werden.
Wenn man im öffentlichen Raum ständig beobachtet wird, verstärkt sich wahrscheinlich die Tendenz sich so zu verhalten, wie es erwartet wird oder sich immer mehr in seine Wohnung zurückzuziehen, wo man noch unbeobachtet ist. Doch ist man das denn wirklich? Die Antwort ist: Nein. Und damit sind wir bei den neuen Formen der indirekten oder auch direkten Kontrolle durch von Apps gesteuerte Programme.
Beginnen wir mit den Navis und Smartphones. Es ist sicher für Sie nichts Neues, dass wir durch die GPS-Daten, die unsere Navis oder Smart-Phones ständig mit Satelliten austauschen, von Betreibern, staatlichen Organisationen oder durch jeden Informatikstudenten ständig ortbar sind. Nun, manche denken, dass sei doch nicht weiter tragisch, da man ja nichts zu verbergen habe. Doch diese Einstellung ist etwas leichtfertig. Auch unser Land kann den goldenen Weg der Demokratie verlassen und sich in ein autoritäres Regime verwandeln. Dann könnten zur Zeit unproblematische persönliche Einstellungen oder Aktivitäten, welcher Art auch immer, auf einmal zu einem Problem für Sie werden. Dieses Buch zum Beispiel: Ich vertrete darin eine sehr kritische Haltung zu unseren Eliten und warne vor einer

Transformation der Gesellschaft. Das wird heute wahrscheinlich trotzdem keinen Mächtigen besonders beunruhigen. Doch vielleicht sieht das morgen schon ganz anders aus.

Auch Privatpersonen können uns mit relativ einfachen Mitteln über unsere Navis und Smart Phones orten. Das kann dann einen ganz konkreten Einfluss auf die Lebensführung haben. Wenn man seine Ehefrau oder seinen Ehemann betrügen will, war das zu allen Zeiten nicht ganz einfach. Aber heute ist die Möglichkeit der ständigen Ortung durchaus ein Faktor, der einen zusätzlich davon abhalten kann, das zu tun, was man eigentlich möchte. Allein die ständige telefonische Erreichbarkeit ist ein starkes privates Kontrollmittel. Ein in meinem Freundeskreis für seine vielen Liebesabenteuer bekannter Kumpel hatte nach Einführung der Smart-Phones in den Ferien große Probleme, spontane Liebesbekanntschaften mit in sein Zelt zu nehmen. Seine Frau rief nämlich jeden Morgen um 9 Uhr an. Und statt Liebesgeflüster und Gestöhne musste man sich dann im Nachbarzelt Berichte über das Wetter in Deutschland oder über eine Fernsehsendung anhören. Kein wirklicher Fortschritt, oder? Doch diese neue, umfassende Ortbarkeit ist natürlich nicht nur für untreue Ehemänner oder Ehefrauen ein Problem, sondern auch für Personen, die sich im öffentlichen Raum bewegen, wie zum Beispiel Politiker. Zur Zeit werden viele AFD-Politiker unter Druck gesetzt, weil man Ihnen per Mail mitgeteilt hat, man wisse, wo ihr Auto stehe, wahrscheinlich mittels der Ortung über die GPS-Daten. Das Auto des AFD-Vorsitzenden von Berlin wurde am 10.3.20 abgefackelt. Das wird manche freuen, die das bei angeblichen Nazis

und Rassisten für angebracht halten. Doch es trifft Politiker aller Parteien und viele Kommunalpolitiker.
Aber nicht nur staatliche Stellen oder unsere politischen oder persönlichen Feinde greifen auf die mögliche Ortung durch Navi und Smart Phone zurück. Kommerzielle Firmen erstellen ein Bewegungsprofil von uns und machen uns daraufhin angepasste Konsumvorschläge. Steht im Grundgesetz nicht etwas von der Unverletzlichkeit des Postgeheimnisses?
Wichtiger ist aber, dass durch eine ständige Ortbarkeit das Lebensgefühl wieder ein bisschen mehr in die in meinen Augen problematische Richtung verschoben wird. Der Mensch ist nicht mehr das freie Wesen, von dem keiner weiß, wo es gerade im Meer der Gesellschaft schwimmt, sondern er ist Teil einer Masse, bei der man zu jeder Zeit wissen kann, wo er sich befindet.
Damit komme ich zu der Überwachung und Kontrolle unserer Internetaktivitäten. Im Prinzip sehe ich im Internet neben den unglaublichen Möglichkeiten sich schnell und alternativ zu informieren und mit Menschen aus Aller Welt in Kontakt treten zu können, ähnliche Nachteile wie bei den Navis und Smart-Phones. Während ich durch diese räumlich ortbar werde, werden ich durch meine Internet-Aktivitäten „innerlich geortet". Man weiß, dass dieselben Akteure wie bei der räumlichen Ortung uns auch im Internet kontrollieren und überwachen können und das auch tun. Man kann davon ausgehen, dass alle unsere E-Mails von Algorithmen kategorisiert werden und daraus kommerziell oder anderweitig genutzte Profile erstellt werden. Man kann davon ausgehen, dass, wenn bestimmte Stichworte in unseren Mails auftauchen, staatliche Stellen aufmerksam werden. Ich frage mich

wieder, wo bleibt da das Postgeheimnis und unsere Privatsphäre? Die Antwort der Betreiber ist, jeder von uns habe dazu in den „Allgemeinen Geschäftsbedingungen" sein Einverständnis gegeben. Ich habe das ebenfalls getan, weil ich sonst nicht mehr an meine aktuellen Mails herangekommen wäre. Da die Kontrolle durch staatliche Institutionen durch Gefahrenabwehr der verschiedensten Art gesetzlich legitimiert ist, kann man sich dagegen nicht oder nur schwer wehren. Welch schreckliches Gefühl, dass im Prinzip all unsere Briefe mitgelesen werden können. Ich gehe davon aus, dass dieses Bewusstsein ganz ähnlich auf uns zurückwirkt wie die Kontrolle unseres Navis oder Smart Phones. Dadurch kann eine Selbstkontrolle entstehen, die unser Denken prinzipiell normiert und in politisch korrekte Bahnen lenkt.

Lenkung und Fremdbestimmung durch „hilfreiche" Apps

Der Ausspruch: „Wissen ist Macht" wird dem englischen Philosophen Thomas Hobbes zugesprochen und er gilt heute mehr denn je. Ein ganz entscheidender Unterschied ist allerdings, dass die Macht des Wissens früher beim Adel, der Kirche, dem König oder den Gebildeten lag, heute bedeutet es vor allem Macht für Informatiker und für die Betreiber der „Sozial Media" und anderer kommerzieller Organisationen, seien es Dienstleister, große Konzerne oder Hedgefonds, die die Informatiker und Risikoanalysisten beschäftigen. Man vergegenwärtige sich bitte, dass es sich dabei nicht um gewählte Vertreter des Volkes handelt. Doch wie man an der Wahlbeeinflussung beim Brexit und bei der Wahl D. Trumps und an der Bekämpfung der Pandemie im Frühjahr des Jahres 2020 sehen konnte, machen sich die Mächtigen immer mehr abhängig von Experten und Technikern des Digitalen. Beide Abstimmungen hatten einen denkbar knappen Ausgang und nur wenige Stimmen entschieden über Wahlen von weltpolitischer Bedeutung. Über die kommerzielle Firma „Cambridge Analytica" wurden die Wählergruppen, die in ihrer Wahlentscheidung als unsicher kategorisiert worden waren, mit gezielten Meldungen per Facebook und anderen Plattformen in eine bestimmte Richtung des Denkens und der Entscheidung gedrängt. Dabei war es ihnen völlig egal, ob es sich um Fake-News oder solche mit realem Hintergrund handelte.

Woher hatten diese Wahlmanipulatoren die dazu nötigen Daten? Sie waren auf dem Markt käuflich zu erwerben und stammten aus den systematischen Profilen, die von uns allen aufgrund unserer Internetaktivitäten erstellt werden. Sie stammten also hauptsächlich von Facebook, Twitter, Amazon, Apple, Ebay, Google oder der Telekom. Letztlich stammten sie also von uns selbst. Auch dass in diese Wahl-Manipulationen wahrscheinlich russische und amerikanische Milliardäre verwickelt waren, ist für die meisten von Ihnen wahrscheinlich nichts Neues. Doch zwei Gedanken, die mit der Hauptthese dieses Buches in einem engen Zusammenhang stehen, hört man dazu leider nur selten. Einmal werfen solche Manipulationen ein Licht auf das Bild, das die Manipulatoren vom Menschen haben. Der Mensch wird von solchen Vertretern staatlicher oder kommerzieller Institutionen, als manipulierbare Masse gesehen. Und dass dies tatsächlich Erfolg hat, provoziert den zweiten Gedanken: Wie weit sind die meisten Menschen schon vom Weg zu einem mündigen, aufgeklärten Bürger abgekommen? Sind wir in einer Phase der Rückentwicklung?
Die Vorbereitung des Menschen auf diesen Status als fremdbestimmten Funktionsträger geschieht in erster Linie nicht mehr durch Schule, Kirche, Bürokratie, Ärzte und Psychiater, wie das noch in den Arbeiten von M. Foucault im Vordergrund stand, sondern durch Apps und Medien, obwohl die klassischen Manipulatoren auch immer noch im Spiel sind. Diese Apps locken den Menschen mit dem Versprechen der Leichtigkeit, der Bequemlichkeit, der allgegenwärtigen Verfügbarkeit und der Erhöhung der Sicherheit. Die neue Dimension ist dabei die, dass der Mensch sich mit diesen digitalen

Medien sein Daten-Gefängnis selbst baut. (Ich verweise hier ausdrücklich auf das Buch von A. Lobe: „Speichern und Strafen", in dem er versucht, die Annahmen Michel Foucaults auf die Jetztzeit zu beziehen.) Dies ist ein Traumzustand für alle, die Menschen beherrschen und lenken wollen. Eine Polizei ist dann wie in den meisten Ameisenstaaten vielleicht bald gar nicht mehr nötig. Dort wird das Einzelwesen hauptsächlich durch Pheromone (Geruchspartikel) gesteuert, hier durch normierende Apps. In der Realität läuft dies natürlich differenzierter ab, aber es sieht für mich so aus, als würde ein starker Attraktor das Gesellschaftssystem in genau so eine Richtung treiben. Und man glaube bitte nicht, eine Verweigerung sei leicht und einfach und Widerstand problemlos. Alle Journalisten, die sich zum Beispiel dem Mainstream entgegenstellen, wissen, dass damit eine Karriere in den klassischen Berufsfeldern sehr schnell beendet sein kann. Und wer möchte als Privatnutzer heute schon auf Internet und Smart-Phone verzichten? Ich nicht (Noch nicht). Doch vielleicht gibt es einige Neuerungen, auf die man verzichten kann und sollte, aber das muss jeder selbst entscheiden.

Sehen wir uns also einmal einige der „hilfreichen" Apps etwas genauer an. (Ich war mir bei diesem Satz nicht ganz sicher, ob ich das „hilfreich" in Anführungszeichen setzen sollte oder nicht. Denn all diese Apps haben zwar einen Nutzen, doch es fragt sich, ob der jeweilige Kollateralschaden nicht größer ist.)

Sprach-Unterstützungs-Apps: Sobald man eine SMS verschickt oder wie ich mit einem Schreibprogramm arbeitet, ist bei den meisten Menschen eine solche App eingeschaltet, die nicht nur Fehler signalisiert, sondern auch schon, sobald man ein Wort zu schreiben beginnt, das gesuchte Wort anzeigt, jedenfalls das Wort, das die App erwartet. Wörter, die dem Programm nicht bekannt sind, werden angemahnt.

Diese Programme sind für viele Schreiber eine große Hilfe. Doch sie korrigieren nicht nur, sondern sie lenken das Schreiben auch in eine bestimmte Richtung und die Sprache wird dadurch glattgebügelt. Verwendet man ungewöhnliche Wörter, schreibt man zum Beispiel: „Ein verhuschtes Lächeln durchlief ihr Gesicht", dann wird das Rechtschreibprogramm das Wort „verhuscht" als nicht korrekt oder fraglich kennzeichnen. Hat man dieses Wort verwandt, dann gibt es zwar die Möglichkeit das Wort beizubehalten, aber es kostet Zeit. Die prognostizierbare Folge davon wird sein, dass man tendenziell immer mehr nur Wörter verwendet, die das Programm akzeptiert. Dadurch ist dann auch zu erwarten, dass die künstlerische Vielfalt der Sprache immer mehr eingeengt wird. Was vormals durch den ständigen Gebrauch und durch die Variation der Verwendung langsam wachsen konnte, wird nun durch Apps zu einer Durchschnittssprache kanalisiert. Das verstärkt sich auch dadurch, dass uns in den Hotlines immer mehr Sprachroboter mit einer standardisierten Wort- und Satzauswahl begegnen.

Als Veranschaulichung schicke ich nun einmal einen zufällig ausgewählten Auszug aus **Goethes Faust** durch das Sprachprogramm. (Die beanstandeten Wörter sind fettgedruckt.)

Faust : Hexensabbat

Theatermeister: **Heut** *ruhen wir einmal,* **miedings wackre** *Söhne. Alter Berg und feuchtes Tal, das ist die ganze Szene.*
Herold: **Daß** *die Hochzeit golden sei,* **solln** *fünfzig Jahr` sein vorüber; aber ist der Streit vorbei, das golden ist mir lieber.*
....
Ariel: Ariel bewegt den Sang in himmlisch reinen Tönen. Viele Fratzen lockt sein Klang. Doch lockt er auch die Schönen.

Genius der Zeit: Mit rechten Leuten wird man was. Komm, fasse meinen Zipfel. Der Blocksberg, wie der deutsche **Parnaß***, hat gar einen breiten Gipfel.*

Neugieriger Reisender: Sagt, wie heißt der steife Mann? Er geht mit stolzen Schritten. Er **schnopert***, was er* **schnopern** *kann.*

Tanzmeister: Wie jeder doch die Beine lupft, sich, wie er kann, herauszieht! Der Krumme springt, der Plumpe **hupft** *und fragt nicht, wie er aussieht.*

Ein anderes Beispiel dazu aus einem sehr empfehlenswerten Buch: „**Ameisen**" **von H. Ewers von 1925.** Auch an diesem Textauszug kann man erkennen, wie die Diversität von Wörtern und Begriffen heute immer mehr verloren gegangen ist. Da in Wörtern und Begriffen auch Wissen steckt, ist das nicht nur eine Sache der Ausdrucksweise:

Aus „Ameisen" von H. Ewers, S. 36

Die kluge deutsche Sprache

Die deutsche Sprache ist wirklich eine recht gescheite Sprache: Manches kann ihr keine Zunge nachmachen - welche zum Beispiel könnte mit ausgewechseltem A;E;O als Anfangsbuchstaben desselben Wortes die drei Formen der Ameisen wiedergeben?
Die deutsche Sprache tut es.
*Da ist zuerst: der **Omeis**. Ein etwas veraltetes Wort freilich, aber sicher bezeichnend, wie kaum eins. Und das „O" scheint zu sagen, daß er ein äußerst unnützes Geschöpf ist, ein richtiger Onkel, der nichts arbeitet und so recht in den Tag hinein lebt. Es ist unmöglich, beim **Omeis** nicht an Oheim zu denken - und in der Tat bleiben die weitaus meisten **Omeis** ja auch wirklich zeitlebens **Oheime**: nur ein paar Auserwählte bringen es zum Vater. Die Ameise aber - das ist das echte Weibchen: die Königin. Ameise - das klingt schwer, würdig, gedehnt, matronenhaft; es hat nichts mehr von dem **Komisch-nichtsnutzigen** des **Omeis**. Und da die Königin die Hauptsache ist im Ameisenstaat, so tut man recht, nach ihr auch das ganze Volk zu nennen. Das dritte Wort aber, das die deutsche Sprache für das Insekt hat, ist noch bezeichnender als die beiden anderen. **Emse**: das kann nur die Arbeiterin sein; kein Mensch mit einigem Gefühl für den Klang der Sprache könnte sich darunter ein **Omeis-Männchen** oder eine Ameisenkönigin vorstellen. Die **Emsen** – das **wibbelt** und kribbelt und läuft durcheinander, das rafft und schafft ohne Ruh und Rast, wie eben nur **Emsen** sein können – **emsiglich**.*

Nun, als 60iger könnte ich diese Texte noch in gängiges Deutsch verwandeln. Doch ich habe begründete Zweifel, ob das heutige Jugendliche auch könnten und ob sie in der Lage sind, den Text im Original überhaupt zu verstehen. Je mehr man auf die Vorschläge des Korrekturprogramms eingeht, desto angepasster wird auch das eigene Sprechen und Verstehen. Wollen wir wirklich die Sprache der Zukunft den Werbetextern und den Sprachprogrammen überlassen? Wird man alte Schriftsteller und Philosophen überhaupt noch verstehen können, wenn Intuition und Phantasie zum Sprachverständnis nicht mehr genutzt und trainiert werden, sondern nur noch Apps, also von Informatikern programmierte Algorithmen, die Arbeit machen?
Natürlich werden zum Beispiel die Wortfindungsprogramme, die fast in allen Smart-Phones installiert sind, dem ein oder anderen helfen, sich überhaupt in verständlichem Deutsch auszudrücken. Wie würden viele Texte aussehen, wenn sie ohne diese Hilfen geschrieben würden? Auch an diesem Beispiel kann man aber auch sehen, wie hilflos die Abhängigkeit uns von Apps machen kann. Und man bedenke, es ist erst der Anfang der Entwicklung. Es gibt schon intelligente Sprachprogramme, die in vorstrukturierten Situationen, Texte selbstständig schreiben können und in der Lage sind, diese sogar auf auf einen konkreten Bezugspartner zu individualisieren. Viele Jugendliche schreiben zudem kaum noch, weil eine Spracherfassungs-App das gesprochene Wort direkt in einen geschriebenen Text verwandelt. Bequemlichkeit, Schnelligkeit und Einfachheit locken und haben in diesem Sinne auch Vorteile. Wundern darf man sich dann aber nicht mehr,

dass viele Hochschulen, Kurse in richtigem Schreiben selbst für Germanistikstudenten anbieten müssen. Als Schriftsteller frage ich mich, ob durch das seltenere, eigene Schreiben nicht auch intellektuelle Kompetenzen verloren gehen. Schreiben ist nämlich auch eine Form der Gedankenfindung, die im Vollzug des Schreibens geschieht.

Medizin-Apps für Jedermann: Auf den meisten Smart-Phones befindet sich ein sogenannter Schrittzähler. Unsere Schritte werden gezählt und aufgrund anonymer Festlegungen positiv oder negativ bewertet. Dahinter steckt die Idee, dass Menschen sich ausreichend bewegen müssen, um gesund zu bleiben. Doch was ist ausreichend? Vormals entschied das der einzelne Mensch für sich, sicher auch oft mit dem Ergebnis, dass er sich zu wenig bewegte. Doch nun bekommt er die Hinweise, die durchaus auch als Ermahnungen verstanden werden können, nicht von seiner Vernunft, sondern durch eine App, die dann in gewisser Weise die Verantwortung für unsere Gesundheit übernimmt. Das kann, wie bei all den Apps, die ich hier kurz auswerte, durchaus einen positiven Effekt für meine Gesundheit oder für die Volksgesundheit haben, doch letztlich ist es nur ein weiterer Schritt zur Fremdbestimmung des Menschen. Diesen Satz könnte ich am Ende jedes der nun folgenden Abschnitte anfügen, doch ich vertraue Ihrer Intelligenz und werde versuchen es zu unterlassen. Mittlerweile gibt es Uhren, Armbänder und auch Smart-Phones, die noch viele andere biometrischen Daten unseres Körpers registrieren und bewerten können. Zu den wichtigsten zählen: Blutdruck, Herzschlag, Fieber und Herzrhythmus. Dadurch können möglicherweise Herzinfarkte oder sich anbahnende Krankheiten schneller erkannt werden. Wenn diese Apps mit Kliniken oder Arztpraxen gekoppelt sind, kann das im Einzelfall wirklich lebensrettend sein. Doch man bedenke, man wird nicht dadurch gesund, dass man bestimmte Daten erfasst. Gesundheit ist immer noch ein Produkt von Zufall und der eigenen Lebensführung. Noch! Zudem besteht die Möglichkeit, dass solche Daten nicht nur an unseren Arzt gehen, sondern auch an unsere Krankenversicherung. Diese sind daran sehr interessiert, weil sie so die Beiträge individualisieren könnten und dadurch letztlich Kosten sparen würden. Wenn diese Entwicklung so vonstatten geht, dann wird vielleicht ein indirekter Zwang entstehen, solche digitalen Gesundheitswächter am oder sogar im Körper zu haben, weil man ansonsten höhere Versicherungsprämien zahlen muss.

Fahrstil-App: An dieser App kann man noch besser die finanziellen Interessen der Versicherer erkennen. Jeder, der eine solche Apps in seinem Auto installiert, bezahlt jetzt schon deutlich weniger. Dafür übernimmt dann aber ein Algorithmus die Registrierung und Regulierung unserer Fahrweise mittels entsprechender Hinweise durch Sensoren. Ich denke, das von mir beschriebene nostalgisch gefärbte Gefühl der Freiheit, das sich früher hin und wieder bei Fahrten auf fast leeren Autobahnen einstellten konnte, hat unter diesen Bedingungen kaum noch eine Chance.

Selbstfahrende Autos: Wahrscheinlich werden Sie sich sehr wundern, dass ich diese neue technische

Entwicklung, die kurz vor der Massen-Realisierung steht, an dieser Stelle behandle. Aber sieht man es von den logischen Strukturen her, kann man etwas überspitzt sagen, bei selbstfahrenden Autos handle es sich um einen Komplex von Apps und Software auf Rädern. Solch selbstfahrende Autos wären wahrscheinlich schon seit längerem in Serienreife auf dem Markt, wenn da nicht der störende Faktor Mensch wäre. Wenn sich alle genau an die Regeln des Straßenverkehrs halten würden, kämen selbstfahrende Autos auf den Straßen gut zurecht. Was die Autobauer am Menschen am meisten stört, ist seine noch vorhandene Unberechenbarkeit, sein Hang zum Chaos und seine Tendenz Zufälle egoistisch zu nutzen und merkwürdige Entscheidungen zu treffen. Man könnte auch sagen, was stört ist die noch vorhandene Freiheit oder Selbststeuerung des Menschen. (Also das, was ich am Menschen am meisten schätze). Um dieses Problem zu lösen, ist nun von Toyoto in Kanada ein besonderes Stadt-Projekt in Planung. Dazu sind alle Häuser ausnahmslos Smart-Homes und alle Autos, Bikes und Roller selbstfahrend. Alle Wohnungen und die Mobilitätssysteme sind miteinander vernetzt. Der Mensch hat im Prinzip dort nur die Aufgabe Datenimpulse für vorgegebene Apps zu setzen. Die Freiheit des Menschen wird hier durch das Prinzip der Funktionalität zum angeblich guten Zweck verdrängt und das Verhalten reglementiert. Die Smart-Wohnungen sind natürlich auch mit der Feuerwehr, der Polizei und den Rettungsdiensten verbunden. Stolz vermeldet Toyota, dass dadurch pro Jahr 300 Menschen gerettet werden könnten. Doch nicht einmal Toyota wird daran glauben, man baue diese Stadt, um den Menschen eine neue Art von schöner, sicherer, neuer Heimat zu bieten. Es geht ganz selbstverständlich darum, Produkte zu verkaufen, denn auch Toyota produziert längst nicht mehr ausschließlich Autos. Aber das zukünftige Hauptgeschäft der Autobaubauer wird allem Anschein nach die Produktion selbstfahrender Autos sein. Doch die zu verkaufen, wird nicht leicht sein. All die vielen Autoliebhaber, die es auf der Welt gibt (Wahrscheinlich handelt es sich ungefähr um eine halbe Milliarde Menschen), haben nämlich meiner Ansicht nach meist kein besonderes Interesse an selbstfahrenden Autos. Viele lieben es, ihr Auto selbst zu fahren, seine Fahrgeräusche zu hören, seine Beschleunigungen und sein Kurvenverhalten zu spüren. Solche Gefühle stehen dem neuen Milliarden-Projekt der selbstfahrenden Autos natürlich im Weg. Die Antwort von Toyota in dem angesprochenen Stadtprojekt in Kanada folgt dem gängigen Muster des modernen Turbo-Kapitalismus: Wenn der Mensch noch nicht reif für eine Innovation ist, dann muss er dazu gemacht werden. Das Radikale besteht darin, dass man eine neue Form von Stadt baut, in der die Menschen vom privaten Auto entwöhnt werden, weil es das einfach nicht mehr gibt und weil es keine Straßen für normale Autos gibt. In einer solchen Stadt funktionieren selbstfahrende Autos prima. Und eine eigentlich positiv zu bewertende neue ökologische Bewegung hilft diesen Kapitalisten ihre Gewinninteressen hinter Klimaschutz und Nachhaltigkeit zu verschleiern. Die Toyota-Stadt wird CO_2 neutral sein! Doch wollten Sie in einer solchen Stadt leben? Mich erinnert das eher an ein potemkisches Dorf, hinter dem sich ein durch Apps und Daten bewachtes Gefängnis befindet. Dass man das so sehen könnte, scheint auch den Planern von Toyota, nicht entgangen zu sein. Im Zentrum der Stadt gibt es einen großen Platz für das Gemeinschaftsleben. Doch werden die Menschen, die vor allem gelernt haben, mit Apps, Maschinen und Robotern zu kommunizieren, dazu noch fähig sein? Ich habe da meine Zweifel. Keine Zweifel habe ich daran, dass immer mehr solcher Städte in der Zukunft aus dem Boden gestampft werden. Sie dürften auch als Versuchsobjekte herhalten für die Städte, die man, wenn die Erde und die Menschheit lange genug überdauern, auf dem Mond und auf dem Mars bauen wird. Und ich habe auch keine Zweifel daran, dass immer mehr Menschen sich dazu verlocken lassen, in solche Städte zu ziehen.

Smart Home Google: Speichert Verhaltensmuster, die Bewegung der Bewohner im Haus und außerhalb, ermahnt die Bewohner bei Nichterreichen von Zielen

Alexa, Siri, Cortana: Drei ähnliche Smart-Home-Apps mit denen Big Data in unsere Wohnungen eingedrungen ist. Ich habe Tipps, die bei Netflix unter der Überschrift: „Frage Alexa", innerhalb von 10 Minuten am 14.3.20 unaufgefordert angeboten wurden, einmal aufgelistet:

Tipp: Alexa:
- Was kann ich sagen?
- Wo ist die nächste Bank?
- Wie ist das Wetter in Paris?
- Stell den Wecker auf 6 Uhr!
- Lass uns einkaufen!
- Spiel die beliebtesten Songs von heute!
- Erzähl mir einen Witz!

- Wie hoch ist der Fuji?
- Zeig mir Komödien!
- Finde schnell Rezepte!
- Erstelle einen Timer für mich!
- Welche Filme laufen in der Nähe?
- Woran soll ich dich erinnern?
- Was sind die Nachrichten von heute!
- Lies mein Kindle-Buch (Alexa weiß also, dass ich Bücher bei Kindle-Amazon eingestellt habe. Kein Wunder, denn mein Fire-Stick stammt von Amazon!)

Es gibt Hinweise darauf, dass Alexa Fragen und Befehle, die an sie gestellt wurden, an den Mutterkonzern zurückgemeldet hat. Angeblich, um daraus Alexa so weiterzuentwickeln, dass sie noch besser mit uns kommunizieren und interagieren kann. Das durchsichtige Haus, der durchsichtige Mensch rücken immer näher.

Die Gesichtscanning-Apps: Diese Apps werden über die Passbildstellen der Passbehörden und bei der Auswertung von Aufzeichnungen der Kameras aktiviert, die an fast allen öffentlichen Plätzen, Bahnhöfen, Flughäfen und an Stellen, für die Behörden ein besonderes Interesse haben, zu finden sind. Gerade in Ergänzung mit der Auswertung von Phone- und Navidaten ergibt das eine fast nahtlose Erfassbarkeit des Individuums. Begründet wird dies meist mit der Gefahrenabwehr und Aufklärung von terroristischen oder kriminellen Aktionen. Doch Daten sind geduldig. Sie können genutzt werden für was auch immer. Ergänzt werden diese Scanner möglicherweise bald durch **Emotionsscanner**, die aus der Durchblutung des Gesichtes Rückschlüsse auf die Befindlichkeit der Personen erlauben.

Mobilitäts-App (Tracking und Tracing Apps): Die großen Anbieter wie die Telekom haben einen Algorithmus, der aus einzelnen Mobilitätswerten vor allem von Phones eine Gesamtzahl für die Mobilität einer Bevölkerungsgruppe berechnet. Diese Mobilitätsrate wird zur Zeit des Lockdown vom RKI (Robert Koch Institut) dafür benutzt, um auszuwerten, ob die Menschen sich während der Coronakrise tatsächlich weniger im Raum bewegen. Sie kann aber jederzeit auch für politische oder kommerzielle Zwecke genutzt werden. In Israel und China wird mit einer solchen App auch individuell kontrolliert, wo sich Infizierte in der Corona-Krise aufgehalten haben und wer mit ihnen in Kontakt ist oder war. In einer Pandemie ist das vielleicht gerechtfertigt, doch es zeigt auch, wozu solche Apps genutzt werden können und dass sie genutzt werden.

Stromverbrauch-Analyse-Apps: Sollten die Grünen in Deutschland noch mehr politische Macht bekommen, wäre zu befürchten, dass sie diese Apps einsetzen, um daraus Rückschlüsse auf das Umweltbewusstsein von Haushalten zu ziehen, um das dann mit Prämien oder negativen Sanktionen zu belegen. Vielleicht ist das aber gar nicht nötig, weil viele Menschen, die eine solche App installiert haben, diese benutzen, um sich selbst zu kontrollieren und zu disziplinieren und ganz stolz darauf sind. Für die Umwelt sicher positiv, doch für den Menschen eher fraglich. Diese App wurde übrigens ursprünglich entwickelt, um private Haschich-Plantagen zu entdecken, da diese besonders viel Strom verbrauchen.

Precime Units und **Predictive Policing**: Das sind zwei Apps, die in den USA zur Verbrechensbekämpfung genutzt werden. Die Algorithmen berechnen darin, wann und in welchen Vierteln besonders mit Messerattacken und Schusswechseln zu rechnen ist, um nur zwei Beispiel zu nennen. Das **Prediktive Policing** regelt dann den konkreten Einsatz der Polizeieinheiten, wer wann wohin Streife fährt. In Boston hat man die in diese App eingegebenen Daten erweitert, um die Sicherheit und die Lebensqualität von Stadtvierteln in einem Zahlenwert zusammenzufassen. **(City Score Boston)**

Digitale Identitäts-App: Eine App, in der alle Daten zur Person, aber auch vielleicht zur Gesundheit oder Reiseaktivitäten enthalten sind und die den Personalausweis ersetzen soll. Geplant ist eine freiwillige Teilnahme, die aber dann gravierende Vorteile beim Grenzübertritt haben könnte und sich so früher oder später durchsetzen wird. Damit wird dann auch die Überwachung globaler. In der Corona-Krise wurde die Verknüpfung mit einem Impfpass diskutiert, konnte aber bisher nicht umgesetzt werden.

Eye-tracking-App: Hier erfasst der Algorithmus in Ladengeschäften, wohin der Kunde blickt, um daraus dann Rückschlüsse für die bessere Präsentation der Waren zu haben. Doch vielleicht kann man aus solchen Befunden bei Bedarf noch viel mehr herauslesen, wie Krankheiten und sexuelle Vorlieben. Männer werden auch in diesen gleichmacherischen Zeiten nicht immer nur auf die flinken Hände der Kassiererin schauen. Ich möchte mir nicht ausmalen, welche Rückschlüsse daraus gezogen werden könnten.

Class Care App: Eine App, mit der das Verhalten von Schülern bewertet werden kann. Das Verhalten jedes einzelnen Schülers wird einmal pro Minute erfasst und dann in Kategorien eingeteilt, so dass der Lehrer auf einzelne Schüler eingehen kann. Das kann auch die Notengerechtigkeit verbessern, bedeutet letztlich die vollständige Kontrolle des Schülers, was deren Verhalten normieren wird. Bisher wurde dies nur in China getestet.

Text-Toxizitäts-App: Geschaffen für die Journalisten, die in den „Social Media" Kommentare analysieren müssen. Diese App untersucht die Kommentare nach bösen, rassistischen, frauenfeindlichen oder vulgären Wörtern. Man überlässt damit den Programmieren solcher Apps das Recht darüber zu entscheiden, was man sagen darf und was nicht.

Bezahl-Apps: Es gibt in China, Korea und Japan schon viele Läden, in denen man nur mit solch einer App einkaufen kann. Sobald man ein Geschäft betritt, wird die App über das Smart-Phone aktiviert und alle Käufe werden darüber abgewickelt. Dadurch erfahren die interessierten Kreise dann alles über unser Konsumverhalten, was dann auch entsprechende Werbung zur Folge haben wird. Solche Möglichkeiten digitaler Apps werden von den Befürwortern der Idee, das Bargeld vollständig abzuschaffen, natürlich forciert.

Freiwillige Datenspende-App
Das Robert Koch Institut (RKI) hat eine App entwickelt, die User auffordert, allgemeine Gesundheitsdaten aus Smart-Watches und Fitness-Bändern an das Institut zu melden, um über Veränderungen des Gesundheitszustandes auf epidemische Gefährdungen zu schließen. Diese Daten sind erst einmal anonymisiert, doch es ist sicherlich technisch möglich, die gesendeten Daten zu personalisieren. Am ersten Tag hatten schon über 50000 User diese App heruntergeladen.

Nun, das sind nur einige der Apps, die uns „hilfreich" zur Seite stehen sollen oder uns vor Terror, Kriminalität und Epidemien schützen wollen, aber uns auch immer überwachter und reglementierter machen. Man wird quasi gezwungen, sich selbst immer mehr der von anderen gesetzten Normalität zu unterwerfen und Freiheit wird dadurch quasi apriori eingeschränkt, ohne dass man es merkt. Und da Freiheit auch immer des unbeobachteten Ausprobierens bedarf, wird sie vielleicht nach und nach verschwinden und zu einer nostalgischen Erinnerung werden. Zu diesem Komplex ein Zitat von **Adrian Lobe:**

„Das Individuum wird normiert, indem es maschinenlesbar wird und wie eine Supermarktware abgescannt werden kann..... Dass diese Normung bzw. Normierung von Individuen nur über den Preis einer totalen Identitätslosigkeit geschehen kann, ist offenkundig." (S. 145, „Speichern und Strafen.")

Die Seinsvergessenheit des modernen Menschen

Nur noch ganz wenige Menschen leben heute in einer vollständig natürlichen Umgebung. Die meisten von uns leben in einer Umwelt, die aus einer Mischung von Natur und Artefakten besteht. Doch in diesem Kapitel geht es in erster Linie nicht um die Künstlichkeit der Lebenswelt, sondern um die Künstlichkeit in uns selbst. Das, was Heidegger als das „Technische Gestell" bezeichnete. In den 60igern gab es eine mystisch-philosophische Bewegung, die das Bewusstsein von Welt erweitern wollte. Dieser Weg führte viele der Besten unserer Generation leider auf den Weg der Drogen (LSD). Die anscheinend leichte Abkürzung stellte sich als Sackgasse heraus und nicht wenigen brachte es den frühen Tod. Diejenigen, die den Weg des Studiums beschreiten konnten, waren in erster Linie die Kinder aus privilegierten, besseren Bildungsschichten, die es bis zum Abitur geschafft hatten. Im Studium befassten sich viele Jugendliche, die von der 60iger-Bewegung inspiriert waren, auch mit Rousseaus These: Zurück zur Natur. Die zentrale Forderung war, nicht die Natur müsse sich dem Menschen unterwerfen, sondern das Gesellschaftliche müsse sich der Natur anpassen. Heute ist diese Forderung wieder aktueller denn je, ohne dass die meisten der Kids aus der „Fridays for Future-Bewegung" ihre Haltung auf philosophische Lektüre zurückführen. Neben J. Rousseau erlebten in den 60igern vor allem die Schriften der

Psychologen: Freud, Adler, Jung und Marcuse eine Renaissance. Vor allem der Grundgedanke Freuds, dass der Mensch nur dann frei werden könne, wenn er ein gewisses Bewusstsein und damit Macht über seine eigenen, meist in der Kindheit entwickelten Strukturen, erlange, gewann an Bedeutung. Viele der 60iger unterzogen sich einer Selbstanalyse oder auch einer Analyse durch professionelle Psychoanalytiker. Doch da die Psychologie S. Freuds dann zu Unrecht auf die sexuelle Befreiung verkürzt wurde, verlor sie für die Bewusstseinsentwicklung in den nachfolgenden Jahrzehnten an Bedeutung.

Kommen wir zurück in die Gegenwart. Da müssen wir feststellen, dass in der heutigen Jugendbewegung Selbstverstehen und Selbstentwicklung anscheinend keine besondere Rolle spielen. Die heutige ökologische Bewegung bezieht sich nicht mehr auf Freud oder Rousseau oder Philosophen wie Nietzsche oder Heidegger, sondern mehr auf die Daten von empirischen Untersuchungen und einer Moral des Gutseins, die vor allem durch eine unterwürfige oder partnerschaftliche Beziehung zur Natur gekennzeichnet ist. Hier haben sicher auch die Bücher von J. Lovelock und seine Theorie vom Lebewesen Erde (Gaia) großen Einfluss gehabt. Insgesamt verlagerte sich der Schwerpunkt der Betrachtung im Vergleich zu der 60iger-Bewegung mehr auf das Äußere, zum Beispiel auf die Emissionen oder die Vermüllung des Planeten. Doch vielleicht liegt die wirkliche Bedrohung des Menschseins weniger in einer bevorstehenden Klimakatastrophe als viel mehr in der inneren Katastrophe oder in beidem. Dazu zählt meiner Ansicht nach auch die Seinsvergessenheit des Menschen.

Der Begriff des „Seins" führt in Deutschland immer zu M. Heidegger. Doch ich will hier kein Referat über Heidegger halten, wobei dann immer noch fraglich wäre, ob der Seinsbegriff dann klarer wäre. Heidegger heißt nicht umsonst „der Dunkle." Das „Sein" erschließt sich nicht der begrifflichen Definition, sondern allenfalls der Intuition. Dennoch ist er ein wichtiger Begriff, auch um die Moderne zu kennzeichnen. Ich wähle einen pragmatischeren Zugang zu dem Begriff, indem ich mich frage, woran man denn die Seinsvergessenheit des modernen Menschen vor allem erkennen könne. Um das zu leisten, bleibt mir aber nicht erspart wenigstens zu umschreiben, was ich unter Seinsbewusstsein verstehe. Ich verstehe darunter, dass man sich seiner selbst gewiss ist als ein lebendes Wesen, das einen Bezug zu sich selbst und zu seiner Umgebung hat. Es ist das Bewusstsein in diesem eigenen Selbst absolut allein zu sein und einer Welt gegenüber zu stehen, deren Bilder oder mathematische Erfassungen man sieht oder gedanklich nachvollziehen kann, ohne eine Chance eines wirklichen Verständnis zu haben (Sokrates: „Ich weiß, dass ich nichts weiß"). Auf der anderen Seite kann sich Identität nur im sozialen Miteinander entwickeln. Es ist das Bewusstsein, ein geschichtliches Wesen zu sein, das aufgrund seiner Sterblichkeit und Vergänglichkeit das Leben als Drama vor sich hat. Es ist das Bewusstsein davon, wahrscheinlich das besonderste, das komplexeste und das großartigste Wesen zu sein, das der Kosmos hervorgebracht hat und in dem der Kosmos sich seiner selbst bewusst wird. Das Seinsbewusstsein impliziert aber auch die Nichtigkeit und Bedeutungslosigkeit jedes einzelnen Individuums.

Ich kann nur hoffen, dass diese Aufzählung Ihrer Intuition hilft zu verstehen, was ich unter Seinsbewusstsein verstehe.

Kommen wir also zur Seinsvergessenheit. In meinen Augen ist die Seinsvergessenheit kein persönlicher Mangel, sondern eine Notwendigkeit in einem System, das darauf gerichtet zu sein scheint, aus Menschen Konsumenten und fremdbestimmte Funktionsträger zu machen. Sie ist in diesem Sinne ein logischer, vielleicht sogar notwendiger Bestandteil des kapitalistischen Systems. Von daher muss man mit großen Widerständen rechnen, wenn man versucht, daran etwas zu ändern.

Die Seinsvergessenheit zeigt sich deutlich in der Todesvergessenheit des modernen Menschen. Jeder Mensch hat gute Gründe, sich den Gedanken der Sterblichkeit nicht dauernd bewusst zu machen, weil der kann sich sehr störend auf jedwedes Handeln und Fühlen auswirken. Doch eine Transformation des Menschen zum Konsumenten kann nur gelingen, wenn der Mensch in eine immer beschleunigtere Hatz nach äußeren Gütern oder nach Macht getrieben wird. Nichts aber kann das Verlangen nach Produkten und nach Macht so sehr relativieren oder gar zum Erliegen bringen, wie das Bewusstsein von baldigem Tod. Und in Anbetracht der Zeiträume, die für den Kosmos eine Rolle spielen, stehen wir alle vor einem baldigen Tod. Damit das den Menschen nicht bewusst wird, wird der Tod aus der umgebenden Bilder- und Infowelt, soweit es geht, ausgeschlossen. Nur in den abendlichen Krimis, vor allem in den sonntäglichen „Tatort-Krimis" taucht der Tod regelmäßig auf. Doch dort hat er oft eine skurrile Form, etwas Irreales, so wie Filme halt sind. Besonders deutlich wird das in den sogenannten „Münster-Tatorten", in denen der Tod nichts Existenzielles mehr ist, sondern ein Nebenprodukt skurriler oder humorvoller Dialoge. Es ist durchaus ein üblicher Abwehrmechanismus, den Schlag, den die reale Gegenwart des Todes versetzen kann, dadurch abzumildern, dass man das Lachen verstärkt. Doch, seien Sie versichert, im Anblick des Todes wird jedem von uns das Lachen vergehen. Im Gegensatz zu allen früheren Zeiten versucht man heutzutage alles, um den Tod nicht als reale Gegenwart in das Bewusstsein der Menschen gelangen zu lassen. Jeden Tag essen Menschen getötete Tiere, ohne jemals gesehen zu haben, wie die Tiere sterben. Glauben Sie ja nicht, das seien bedeutungslose Erfahrungen. Besuchen Sie einmal ein Schlachthaus und Sie werden wissen, was ich meine. In meiner Kindheit in den 50igern war es noch üblich im Haus Tiere selbst zu schlachten. In meinem Kinderzimmer hingen immer wieder geschossene Hasen und geschlachtete Hühner zum Ausbluten in meinem Zimmer. Für die heutige Pädagogik ein Unding, weil die Kinder dadurch traumatisiert werden könnten. Ich wurde dadurch nicht traumatisiert, sondern lernte etwas über die Allgegenwart des Todes. Leichen werden heute bei Katastrophen immer zudeckt. Warum? Ich finde die Würde des Menschen wird durch Plastiksäcke mehr beleidigt. Der Tod ist fast immer dramatisch und keiner ist gefeit vor sehr üblen Arten des Sterbens. Doch das versucht man, soweit es geht, vor den Blicken und dem Bewusstsein der Menschen zu verstecken, um ihr Seinsbewusstsein nicht zu wecken.

Verlassen wir den Tod und kommen zu Naturerlebnissen, die ein Seinsbewusstsein hervorrufen können. Bis zu der

Zeit der Sesshaftigkeit waren Menschen sehr häufig allein in der Natur unterwegs. Solange die Menschen mit Jagd oder was auch immer beschäftigt waren, war ihr Seinsbewusstsein wahrscheinlich auf einem ganz ähnlichen Niveau wie bei einem heutigen berufstätigen oder einkaufenden Menschen. Man hat dann keine Zeit für Seinsbewusstsein. Man *ist* dann einfach, wie Heidegger sagen würde. Doch dann ist die Jagd vorbei und man sitzt und wartet auf die Nacht. Die noch nicht sesshaften, nicht modernen Menschen schauten dann kein Fernsehen oder hingen im Internet herum, sondern sie waren mit sich und der Natur allein. Eine ideale Situation um Seinsbewusstsein zu erfahren. Wenn Sie wirklich wissen wollen, was das für Gefühle sind, können Sie das heute noch nachempfinden. Übernachten Sie einmal alleine in einem Wald. Wälder gibt es immer noch und es droht Ihnen keine Gefängnisstrafe, höchstens ein Bußgeld. (Kleiner Tipp: Vergewissern Sie sich, dass es in der Nähe keinen Hochsitz gibt). Menschen bezahlen heute viel Geld um ungewöhnliche, organisierte Erlebnisse zu haben. Doch der nächste Wald ist nah und kostet nichts. Kein Wunder, dass solche Trips nicht besonders gehypt werden. Was nichts kostet, hat im Kapitalismus keinen Wert.

Wenn die Nacht sich über den Wald senkt, die Stille einsetzt und die Sterne am Nachthimmel leuchten und wenn die Geräusche der Nacht Ihnen sagen, dass Sie nicht alleine im Wald sind, wenn die Angst in Ihre Psyche kriecht, dann muss das nicht unbedingt schön sein, aber Sie werden sich Ihres Selbst und der Welt sehr bewusst sein. Und wenn am Morgen der Gesang der Vögel signalisiert, dass ein neuer Tag beginnt, dann werden Sie vielleicht merken, dass Ihr Sein ein Teil von etwas Größerem ist.

Wenn man von der Seinsvergessenheit des modernen Menschen spricht, landet man philosophisch betrachtet nicht nur bei Heidegger, sondern auch bei den französischen Existenzialisten um Jean Paul Sartre, die für die 60iger-Bewegung ebenfalls eine große Bedeutung hatten. Anstatt von Seinsvergessenheit könnte man nämlich auch von Existenzvergessenheit sprechen. Ohne auf diese Philosophie im Einzelnen einzugehen, möchte ich doch einige Aspekte ansprechen. Grundlage meiner Erörterungen ist die Ansicht der Existenzialisten, dass das Leben kein Vergnügungspark ist, sondern uns erst einmal mit unangenehmen Gefühlen konfrontiert. Das sind für den bewusst lebenden Menschen vor allem die Angst, die Verwirrtheit und Unsicherheit, die sich aus der Absurdität des Seins ergeben, und die Langeweile.

Für surrealistische Künstler wie Dali und Bunuel war Existenz immer mit dem Absurden verbunden und so gestalteten sie dann auch ihre Texte und Bilder. Auch für Albert Camus war das Absurde das Grundgefühl des Lebens und sein Selbstmord hatte in diesem Sinne eine gewisse logische Konsequenz.

Sprechen wir von der Angst. Die Angst ergibt sich nach den Existenzialisten aus dem Gefühl einer sehr merkwürdigen, letztlich nicht zu verstehenden Welt mit einem auch nicht zu verstehenden Ich hilflos ausgeliefert zu sein. Nun, so ein Gefühl ist wirklich nichts für ängstliche Gemüter und man kann gut verstehen, dass der Mensch versucht, dieses Gefühl zu verdrängen und aus seinem Leben zu verbannen. Letztlich ist das eine Hauptfunktion der meisten Religionen. Doch dieser Angst kann man nicht entkommen, weil sie direkt an die Existenz, an das Sein gebunden ist.

Wenn man die erfolgreichsten, besser gesagt, die am gewinnträchtigsten verkauften Präparate der Pharmaindustrie weltweit auflisten würde, ständen in dieser Rangliste Präparate zur Angstbekämpfung wahrscheinlich ganz oben. (Vor allem, wenn man Viagra als ein Präparat bewertet, das dazu dient, Männern die Angst vor sexuellem Versagen zu nehmen.) Fragt man Therapeuten, so wird man erfahren, dass die meisten Klienten wegen Ängsten zu ihnen kommen. Die rastlose Lebensweise des modernen Menschen und seine Konsumorientierung kann auch als ein Weglaufen vor dieser Angst gesehen werden. Auch die Drogensucht (8% des gesamten Handelsvolumen der Welt wird mit Drogen erwirtschaftet.) kann man unter diesem Gesichtspunkt betrachten. Doch wenn man als Mensch würdevoll, das heißt auch seinsbewusst leben will, dann muss man sich dieser Angst stellen, weil man ihr nicht entkommen kann. Spätestens, wenn es zu Ende geht, holt sie uns wieder ein. Und das Gute ist, dass, wenn man sich dem Impuls der Angst wegzulaufen entzieht und sie zu einem realen Teil des Selbst macht, wandelt man sie in Furcht um. Das heißt, man kann lernen, mit ihr umzugehen, ohne seine Würde und seinen Stolz zu verlieren.

Ähnliches wie für die Angst gilt auch für die Langeweile. Langeweile hat in der Moderne meist einen sehr negativen Anstrich. Man setzt sich damit dem Verdacht aus, depressiv zu sein oder nicht genug Geld zu haben, sich in die nächste Ablenkung stürzen zu können. Dabei wissen alle Denker und Kreative, wie wichtig die Langeweile für das Entstehen von Neuem ist. Doch sie birgt auch die Gefahr, mit der Absurdität der Welt und der eigenen Angst konfrontiert zu werden. Deshalb meiden viele Menschen diese Situation wie die Pest, und die kapitalistische Wirtschaft unterstützt die Menschen dabei, indem sie immer neue Attraktionen und Produkte zur Ablenkung anbietet.

Persönliche oder gesellschaftliche Krisen wünscht sich kein Mensch und man sollte sie auch keinem wünschen. Doch wenn Krankheit, ein plötzlicher Todesfall, oder ein Unfall, oder Naturkatastrophen wie die Corona-Krise den Menschen treffen, ist das auch eine Zeit, in der das Seinsbewusstsein bei vielen Menschen wieder erwacht. Und das wird von einigen als ein heilsames Erlebnis empfunden. Es fragt sich nur, wie lange es sich in der nachfolgenden Zeit erhalten kann. Der Mensch ist halt ein Meister des Verdrängens und Vergessens. Doch oft gilt auch, dass der Mensch nach der Krise nicht mehr der gleiche ist und dies als positiv empfindet. Wenn der Tod in Form einer der apokalyptischen Reiter durchs Land zieht, ist das ein lebenslanger Schrecken, dessen Nachbeben lange anhalten kann.

Doch der Tod ist neben der Vernunft auch ein guter Ratgeber des Menschen, auf jeden Fall kann man ihn dazu machen.

Auf die Vergangenheit haben wir keinerlei Einfluss mehr, auf die Zukunft nur einen indirekten. Nur die Entscheidungen der Gegenwart unterliegen unserem direkten Einfluss. Und hier kann der Tod ein wichtiger Verbündeter werden. Natürlich zieht man den Tod nicht zu Rate, wenn man sich überlegt, ob man jetzt oder später zur Toilette gehen soll. Doch schon bei Entscheidungen von mittlerer Bedeutung ist es manchmal sinnvoll, den

Tod zu Rate zu ziehen. Zum Beispiel bei der Frage, ob Sie einen Kredit aufnehmen sollten, um ein Auto oder ein Haus zu kaufen. Die Frage stellt sich dann viel dringlicher, ob sich all die Anstrengungen lohnen, die es benötigt, um dieses Haus oder dieses Auto zu besitzen. Angesichts der Tatsache, dass man die Dinge nur eine begrenzte Zeit benutzen kann und sich Glück und Zufriedenheit nicht einfach aus den Dingen selbst ergeben, kann sich der Wert eines Hauses oder eines Autos sehr relativieren. Weshalb wollen Sie dieses Auto besitzen? Erhöht es Ihre Lebensfreude? Gehen wir einmal davon aus, dass es das tut. Autos sind eine wunderbare Erfindung. Doch der Tod kann Sie fragen, ob dieses Glück es rechtfertigt, dafür ein Jahr vielleicht mit einer Arbeit zu verbringen, die Sie nicht besonders mögen. Der Tod fragt uns, ob ein angemessenes, zufriedenes und glückliches Leben wirklich von solchen Dingen abhängt. Er kann uns auch konkret fragen, ob es nicht sinnvoller ist, statt eines Neuwagens einen 10 Jahre alten Gebrauchtwagen desselben Typs zu kaufen. Ist die durch das Autofahren ausgelöste Lebensfreude oder sein Nutzen dann wirklich gravierend anders?

Kommen wir dazu, was der Tod uns über die Gestaltung unserer Beziehung zu den Mitmenschen raten kann. Dazu hier ein Beispiel. Nehmen wir an, Ihre Frau habe Sie betrogen, spontanen Sex mit einem anderen Mann gehabt. Es gibt genügend Männer, die das zum Anlass nehmen ihre Frau und noch schlimmer vielleicht auch die eigenen Kinder zu verlassen. Ich bin mir ziemlich sicher, dass viele eine solche Entscheidung bereuen werden, wenn sie mit dem eigenen Tod konfrontiert werden. Doch dann ist es zu spät, das angerichtete Unglück zu revidieren. Besser man nimmt sich den Tod schon vorher als Ratgeber und trifft aus dieser Perspektive seine Entscheidung und die kann dann ganz anders aussehen, als die aktuelle Verletzung einem vielleicht rät.

Manche Leute verbringen einen großen Teil Ihrer Zeit damit, sich über andere Menschen zu ärgern. Und was sagt der Ratgeber Tod dazu? Was für ein Unsinn, sein Leben zu verfinstern, nur weil die Menschen nicht so sind, wie ich es mir wünsche. Das ist so, als würde ich darüber böse sein, dass es in meiner Heimatstadt so oft regnet. Der Regen und die Sterne kümmern sich einen Dreck darum.

Anders als manchem stoischen Philosophen erscheint mir das Leben aber keinesfalls als eine kurze Belanglosigkeit, die man möglichst klaglos und ohne große Ansprüche hinter sich bringen sollte. Das Gegenteil ist der Fall. Gerade die Kürze des Lebens und seine Vergänglichkeit macht es zu etwas unfassbar Kostbarem. Es ist der Tod, der dem Leben seine Einmaligkeit, seine Besonderheit und Größe verleiht. Achilles sagt in der Filmversion von Homers Ilias, „Troja": „Die Götter beneiden uns, weil wir sterblich sind, weil jeder Augenblick unser letzter sein könnte. Alles ist viel schöner, weil wir irgendwann sterben. Nie wieder werden wir hier sein." Der Tod verleiht dem Menschen etwas Heroisches. Man stelle sich eine Zeit vor, in der die Menschen prinzipiell ewig leben können, wenn auch vielleicht nur dadurch, dass das eigene Bewusstsein und Ich einem KI-Computer oder Roboter aufgespielt werden. Die Forscher arbeiten zur Zeit mit Hochdruck daran, den Mensch genetisch so zu ändern, dass der Altersmechanismus außer Kraft gesetzt wird und es ist tatsächlich nach Stand der Wissenschaft theoretisch und praktisch möglich. Und bisher wurde immer alles entwickelt, wozu man die theoretischen und praktischen Möglichkeiten hatte. Wird man aus einer solchen Zukunft auf uns heutige Menschen zurückblicken, wird man uns wahrscheinlich alle für kleine Helden halten, die wie Krieger in die Schlacht gezogen sind und jederzeit mit dem plötzlichen Tod rechnen mussten.

Bei all dem Positiven, das ich über den Tod als Ratgeber gesagt habe, sollte man aber nicht vergessen, dass der Tod kein Freund eines bewusst lebenden Menschen ist. Er heißt ihn, bis vielleicht auf den letzten Moment, nicht willkommen. Der Tod muss hart kämpfen um einen Lebenskrieger zu holen. Der Tod gibt einem Menschen neben Rat, Stolz und Würde, eine eigentümliche Härte gegen sich und seine Mitmenschen, aber er gibt ihm nicht die Liebe zur Welt. Und aus der Liebe zum Leben und zur Welt kommen der Respekt für diese und der Hass auf den Tod. Und woher kommt die Liebe? Ich bin davon überzeugt, dass sie von nirgendwo her zu kommen braucht, da wir sie alle von Kind auf in uns haben. Wir können sie nur verlieren, was viel zu häufig geschieht.

Ein wieder erwachtes Seinsbewusstsein kann einem auch die Liebe zu sich selbst zurückgeben und einen Stolz auf das, was einen als Menschen auszeichnet: Das Bewusstsein und die daraus erwachsende Möglichkeit der Freiheit.

Die Glückslüge

Der Mensch ähnelt in unserer Gesellschaft einer Art Rennmaus, die ohne Sinn einfach nur läuft. Damit das funktioniert, hängt man Mäusen ein Stück Käse vor die Nase, das sie aber niemals erreichen können. Das Stück Käse, das den Menschen vor die Nase gehalten wird, ist die Suggestion, man könne durch Kaufen und Konsumieren glücklich werden. Doch das ist in der Tat ein sehr gewagtes Versprechen. Mit dem Glück ist das so eine Sache. Was ist das überhaupt: Glück? Der Begriff ist sehr facettenreich. Er kann einmal so etwas sein wie der Zufall eines Lottogewinns, etwas Unerwartetes, von dem man glaubt, es sei sehr positiv für einen. Merkwürdigerweise zeigt sich aber selbst am Beispiel des Lottogewinns, dass viele „Glückspilze" durch den Gewinn eher unglücklicher wurden. Wie lässt sich das erklären? Nun, dann stellen Sie sich doch einmal konkret vor, Sie selbst hätten wirklich im Lotto gewonnen und fragen sich nun, was Sie mit dem Geld machen und wie Sie nun leben wollen. Wenn Sie das konkret durchspielen, werden Sie feststellen, dass Sie auf einmal einen Haufen von Problemen haben, die Sie vorher nicht hatten und die in der Lage sind, Ihnen den Schlaf und die gute Stimmung zu rauben. Einige Beispiele für solche Probleme: Sage ich meinen Freunden etwas von dem Gewinn, teile ich den Gewinn mit Freunden, arbeite ich weiter in meinem Beruf, welches Auto solch ich mir kaufen, brauche ich dann dafür eine Garage, soll ich mir ein neues Haus kaufen, wie lege ich das überschüssige Geld an, von wem

lasse ich mich beraten, usw.?
Versteht man unter Glück innere Zufriedenheit, dann kann ein Lottogewinn also kontraproduktiv sein. Nun, wodurch kann man denn das Glück der inneren Zufriedenheit überhaupt gewinnen? Das ist nicht das eigentliche Thema des Buches und so verweise ich nur auf verschiedene Ansichten von Philosophen. Nach Aristoteles gewinnt man innere Zufriedenheit dann, wenn die eigenen Vermögen in bester Ausbildung sind. Das heißt zum Beispiel, dass wenn man das besondere Vermögen hat, kreativ zu sein, dann muss man es auch sein, um zufrieden zu werden. Bezieht man dies auf die besonderen Vermögen des Menschen wie Bewusstsein, Weltoffenheit, Denkfähigkeit, Lernfähigkeit, Kommunikationsfähigkeit und Kreativität, dann bedeutet das zum Beispiel, dass ein Mensch, der seine Fähigkeit des eigenständigen Denkens verkommen lässt, nicht wirklich zufrieden sein kann.
Wie weltfremd wirkt zum Beispiel auch eins der Ziele der Freimaurer. Bei denen ist man dadurch ein 'Winner', wenn man in seiner Persönlichkeitsentwicklung vorangekommen ist. Wie weltfremd wirkt das religiöse Ideal, man werde ein 'Winner' dadurch, dass man Ordnung in seine Seele bringe oder ein moralisch einwandfreies Leben führe. Wie weltfremd wirkt das Ideal der Aufklärung, ein 'Winner' werden zu können, indem man ein von der Vernunft geleitetes Leben führe. Sind diese Konzepte wirklich alle weltfremd? Ist es nicht verrückter zu glauben, man könne durch den Besitz von Dingen glücklich werden?
Es gibt wirklich keinen Philosophen oder Denker, den ich kenne, der behaupten würde, Dinge würden glücklich machen.

Und doch ist es genau dieses Versprechen, das die Werbung uns Tag für Tag suggeriert. Wir würden uns wohler fühlen, glücklicher sein, wenn wir dies oder das kaufen.
Der Hauptgrund ist also eine permanente Verführung und Indoktrinierung durch Werbung. Im Prinzip fängt das aber schon in den Kitas und Schulen an, wo die Kinder sehr früh lernen zwischen Loosern und Gewinnern zu unterscheiden. Wer nicht über die angesagten Schuhe, Klamotten, Handys oder Spielkonsolen verfügt, wird schnell ausgegrenzt und das ist für jeden Schüler ein Alptraum. Die jungen Menschen werden dadurch schon früh darauf konditioniert zu glauben, der Besitz von Dingen mache einen zu einem Gewinner.
In einer mittleren und erst recht in einer größeren Stadt kann man sich heute keine 100 Meter bewegen, ohne dass man mit Leuchtreklamen und Plakatwänden konfrontiert wird. Die Werbung ist so konzipiert, dass unsere uralten Verarbeitungsmechanismen auf diese Bilder oder auf deren schnelle Abfolge reagieren müssen. Das Ausmaß der uns umgebenden Werbung hat seit den 60iger Jahren immens zugenommen. In den 60igern fand man in den Städten die eine oder andere Litfaßsäule. Im Fernsehen spielte die Werbung nur in wenigen Minuten des Programmablaufes eine Rolle. Ähnliches galt auch für das Radio, wo die Werbezeiten sehr eingeschränkt waren, bis private Sender aufkamen.
In der Werbung tauchen oft anscheinend glückliche Menschen auf. Dieser Ausdruck von Glücklichsein in Form von Gesten wie Lächeln oder entsprechenden Gesichtsausdrücken soll dann natürlich mit dem Produkt assoziiert werden. Nach dem Motto, wenn man dieses

Produkt kauft, wird man auch so glücklich sein, wie die Werbefigur. Wenn man es kurz und prägnant bewerten möchte, dann kann man nur sagen: Es handelt sich um eine Lüge, die nur durch dauernde Wiederholung die gewünschte Wirkung erzielen kann. Man kann durch Konsum eines Produktes nicht glücklich werden! Vielleicht den kurzen Moment des Kaufes selbst ausgenommen. Doch unablässig werden wir mit dieser Glücksideologie berieselt. Welche Wirkung hat das auf die Psyche des Menschen? Ich nehme an, dass die Menschen dadurch tendenziell unglücklicher werden. Die Menschen, die sich diese Produkte nicht leisten können, fragen sich vielleicht, was sie falsch gemacht haben. Es muss ja wohl an ihnen selbst liegen, wenn sie es nicht geschafft haben, so erfolgreich und glücklich wie die Werbefiguren zu sein. Und die Menschen, die es wirklich geschafft haben, reich zu werden, fragen sich, wieso sie vielleicht trotzdem nicht glücklich sind.

Doch wieso ist Werbung so wirksam? Das liegt vor allem an ihrer Machart. Im Gegensatz zu den Städteplanern und Architekten kennen die Werbefachleute sich anscheinend sehr gut mit unseren evolutionären Urmustern aus. Tiefenpsychologisch betrachtet zielt die Werbung direkt auf unser Unterbewusstsein. Solche archaischen Muster sind zum Beispiel das Babymuster, sexuelle Signale, Signale von Entspanntheit oder Muster der Dominanz und Überlegenheit. Von der äußeren Form her erzwingen sie unsere Aufmerksamkeit, gesteigert oft durch die Schnelligkeit der Bilderfolgen oder durch das Besondere der Bilder. Die evolutionären Muster, die meist aus unserer Zeit als Jäger und Sammler stammen, zwingen uns, darauf zu reagieren. Wie gut das funktioniert, kann man gut an Jugendlichen feststellen, die oft mehr Werbespots und Jingels kennen als klassische Werke der Musik und Literatur. Das gilt sicher nicht für alle Jugendliche, aber für sehr viele. Auch wenn man nicht immer direkt durch die Werbung zu Kaufentscheidungen gebracht wird, verbleiben doch immer Erinnerungsreste, die dann aktiv werden, wenn tatsächlich Kaufentscheidungen anstehen.

Die Werbemacher bekennen sich ganz offen zur Manipulation von Menschen. Durch das Ausmaß der Werbung, die Tag für Tag auf uns hernieder prasselt, verliert das Ganze den Charakter einer lästigen Begleiterscheinung des Kapitalismus und erreicht schon die Dimension eines Vergehens am Menschen schlechthin. Das sehen die meisten Menschen wohl nicht so, was aber auch daran liegen kann, dass wir uns einfach schon zu lange an die eigentliche Ungeheuerlichkeit gewöhnt haben. Für mich ist eine utopische, neue Welt sicher eine Welt ohne Werbung. Produkte können auch über wirkliche Informations-Formate verkauft werden, mit denen man nicht unaufgefordert berieselt wird, sondern die einem dann Informationen geben, wenn man etwas kaufen möchte. Wenn dadurch der Gesamtkonsum in Deutschland zurückgehen würde, hat das auch Vorteile, vor allem für Klima und Umwelt, aber in meinen Augen auch für den Menschen selbst.

Das gilt natürlich auch für die personalisierte Werbung, das heißt, Werbung, die uns mittels Mails aufgrund unserer Internetprofile zugespielt wird. Auch der Google-Algorithmus dient nur dazu, Gewinn zu machen. Der Google-Algorithmus bedient dabei durch entsprechende Angebote nicht nur unsere Internet-Identität, sondern er

schafft auch Identität. Dadurch, dass ich immer wieder Angebote bekomme, die zu meinem Profil passen, werde ich auch immer mehr das, was der Algorithmus glaubt, der ich sei. Das heißt, der Rahmen dessen, was ich sein kann, wird immer mehr zementiert. Doch wirklich freie Entscheidungen verlangen geradezu, den Rahmen des Gewohnten hin und wieder zu verlassen. Das Freiheitsideal existiert immer noch, aber eher wie eine Luftblase, die über der Gesellschaft liegt.
Man braucht kein Abitur, keinen Universitätsabschluss um zu erkennen, dass es sich bei dem Versprechen: „Hauptsache ihr habt Spaß" (Werbespruch des Media-Marktes), um eine bewusste Täuschung handelt, um uns zu Käufern zu machen, am besten zu Verbrauchern, denn dann ist der nächste Kauf ja schon vorprogrammiert.

Zusammenfassend kann man sagen, dass das Glücksversprechen der kapitalistischen Konsumgesellschaft auf tönernen Füßen steht, denn Glück hat mit Dingen und Vergnügen im Sinne von permanenter Ablenkung wenig zu tun. Es ist ein psychischer Zustand und den kann man nicht kaufen.

Die Leere

In der Philosophie des Mittelalters, in der sich fast alle philosophischen Probleme um Religiöses drehten, beschreibt die sogenannte „Acedia" den Zustand der Sinnleere. Dieses unerträgliche Gefühl, von dem oft auch Theologen heimgesucht wurden und werden, wurde als Entfernung von Gott und als Sünde gesehen. Die Argumentation ging ungefähr so: Man nahm an, dass der Sinn von Allem von Gott komme und wenn man keinen Sinn erkenne, dann auch Gott leugne und somit im Stande der Sünde sei. Diese Sünde kommt also nicht als äußere Verführung über den Menschen, sondern von innen durch das Denken und Fühlen.
Auch heutzutage erfahren viele Menschen jenseits des Religiösen ein Gefühl der Leere, weil sie den Sinn von alldem nicht mehr sehen. Denn anders als in der Religiösität des Mittelalters oder in der Ideologie des Kommunismus oder in der des Nationalsozialismus hat die Ideologie des Kapitalismus in der Sinnfrage wenig zu bieten.
In der Religion gibt es als Sinn-Angebot das ewige Weiterleben mit Gott nach dem Tode oder die Seelenruhe. Im Kommunismus ist es die gemeinsame Arbeit am kommunistischen Paradies, im Nationalismus ist es die Bedeutung hinsichtlich der Rasse. In diesen Ideologien kann man sich als ziemlich bedeutungsvoll vorkommen, obwohl man als Individuum eigentlich nichts zählt. Da gibt es einen allmächtigen Gott, der sich um mich, Hans Meyer, kümmert, da gibt es all die Arbeiter, die mich, Peter Hammer, für immer ehren werden, weil ich geholfen

habe, ein irdisches Paradies für eine unterdrückte Klasse zu errichten, da gibt es die Volksgenossen, die mich, Helmut Hartmut, in die Halle der unsterblichen Krieger aufnehmen, weil ich geholfen habe, das eigene Volk stark zu machen. Dabei ist das Ganze aber immer wichtiger als der Einzelne. Eigentlich komplett idiotisch, aber wer widerspricht schon gerne, wenn man hört, wie bedeutungsvoll man doch für das Ganze sei. Um das abzulehnen, muss man schon innerlich stark, aufgeklärt und zur Freiheit entschlossen sein. Ist das die jetzt heranwachsende Generation? Ich habe eher die Befürchtung, dass der Einfluss solcher Ideologien, die dem Einzelnen an sich keine, aber als Teil eines Ganzen eine große Bedeutung zusprechen, zunehmen wird. Im Prinzip sieht man das jetzt schon an der Zunahme rechts- oder linksradikaler Gruppen. Aber auch an den fanatischen Umweltschützern, die glauben, die Natur selbst habe sie zum Kampf gegen Umweltsünder aufgerufen (Extinction rebellion). Und man kann es auch an der zunehmenden Bereitschaft sehen, sich religiösen Radikalisierungen anzuschließen, was wir vor allem bei unseren muslimischen Jugendlichen beobachten.
Die Markt-Ideologie hat einen entscheidenden Nachteil. Sie gibt keine Antwort auf die Sinnfrage.
Wenn die Menschen merken, dass sie durch mehr oder weniger Waren nicht glücklich werden und dann registrieren, dass ihnen, wenn sie nicht religiös sind, etwas fehlt, nämlich so etwas wie ein Lebenssinn, dann hinterlässt das tief im Inneren oft ein Gefühl der Leere. Nun stellt sich aber die Frage, wieso ein fehlender Lebenssinn das Wohlbefinden eines Menschen überhaupt stören kann, denn bei den Tieren gibt es dieses Phänomen

offenbar nicht. Eine erste, durchaus richtige, aber etwas banale Antwort wäre, dass so das ganze Leben als nutzlos und belanglos erscheine. Betrachtet man die Problematik etwas tiefgründiger und philosophischer, dann muss man sich fragen, ob es so etwas wie einen Willen zum Sinn gibt. Und genau davon möchte ich Sie in der nun folgenden Argumentation überzeugen.
Jedes Verhalten des Menschen ist orientiert an einem Sinn. Wenn Sie zu Ihrem Auto gehen, wenn Sie die Fernbedienung suchen, wenn Sie zur Toilette gehen oder wenn Sie sich etwas zu essen machen, dann ist Ihr Verhalten durch einen Zweck durch einen Sinn geleitet. Eines der Hauptkennzeichen für eine psychische Erkrankung ist ja: sinnloses Verhalten. Doch selbst dieses Verhalten ist auf einen Sinn ausgerichtet, wenn man die Sicht des Patienten einnimmt. Auch derjenige, der John Lennon erschoss, machte das, weil er einen Sinn darin sah. Die Terroristen, die die Twin-Towers zum Einsturz brachten, machten das, weil sie einen Sinn darin sahen. Nach Max Weber kann man jedes Verhalten des Menschen aus einem Sinn heraus erklären. Ich gehe davon aus, dass das Verhalten der Tiere ebenfalls durch einen Sinn gesteuert wird. Dieses Gerichtetsein auf einen Zweck ist anscheinend ein Grundprinzip des Verhaltens aller Lebewesen. Der Zweck muss nicht durch eine bewusste Entscheidung bestimmt sein, sondern er kann sich auch aus einem genetischen Programm oder einem Prozess selbst ergeben. Beim Menschen sind diese Programme meist verschränkt, indem Genetisches mit Erlerntem verbunden wird. Doch wenn eine Katze ihr Katzenklo aufsucht, dann ist das nichts anderes, als wenn ein Mensch zur Toilette geht. Bei beiden ist das Verhalten

nur durch den Sinn zu erklären. Doch eines können Tiere wohl nicht. Sie können sich nicht bewusst die Frage nach dem Lebenssinn stellen. Kommen wir also zu Bereichen des Willens, die wahrscheinlich nur dem Menschen vorbehalten sind. Wohl nur der Mensch kann sich selbst und die Welt quasi aus der Sicht eines Beobachters sehen. Das ist die Meta-Position der Ich-Identität, die sich durch eine bestimmte Form von Interaktion, dem sogenannten Handel um Identität, entwickeln kann. (siehe: Theorie des symbolischen Interaktionismus). Dies ist im Prinzip den Tieren nicht möglich, da ihr Sprachniveau dafür nicht ausreicht. Tiere sind zwar in der Lage abzuwägen, welchem Zweck, welchem Sinn sie in einer bestimmten Situation folgen sollen, aber ihnen fehlen signifikante Begriffe zur Erfassung von Leben oder anderer Abstrakta. Der Mensch verfügt über die sprachlichen Möglichkeiten eines inneren Dialoges auch über solche Abstrakta wie „Leben" und „Sinn". Das Bewusstsein ist also auch hier die Grundlage der menschlichen Besonderheit. Doch sobald meine Ich-Identität das Phänomen „Leben" auf dem Schirm hat, dann kann man auch in Bezug auf diesen Komplex so etwas wie einen Willen zum Sinn beobachten. Der Mensch hat demnach ein starkes Bedürfnis, sobald er bewusst registriert, dass er lebt, die Frage nach dem Sinn desselben zu beantworten. Gelingt ihm das nicht, dann ist er wie ein Irrer, der handelt, ohne dass er weiß wozu. Dies ist eine Situation und ein Gefühl, das ein Mensch nur schwer ertragen kann. Es ist das Gefühl einer existenziellen Leere.

Ich hoffe, diese etwas komplizierteren, philosophischen Reflexionen haben geholfen zu erklären, weshalb das falsche Glücksversprechen der Marktwirtschaft bei vielen

Menschen ein Gefühl der Leere hinterlässt. Es kommt dadurch zu Stande, weil Menschen in allem und ganz besonders für ihr Leben einen Sinn sehen wollen, der aber durch die Ideologie der Marktwirtschaft nicht gegeben wird. Gerade im Alter merken Menschen dann auf einmal, dass sie leer mit einer unbeantworteten, zentralen Frage des menschlichen Lebens zurückbleiben. Daraus folgt oft eine innere Unruhe, die die Menschen dann wieder in die Arme der kommerziellen Ablenkungs- und Konsumagenten führen kann. „Hauptsache ihr habt Spaß"!

Vereinzelung

Gehen wir einmal von dem an anderer Stelle in diesem Buch dargestellten Stadtmodell von Toyota in Kanada aus, wo Häuser und Menschen um das selbstfahrende Auto herum geplant werden. Man stelle sich eine Erweiterung des Modells vor, wo unter den Häusern Versorgungsdepots sind, die an die Smart-Homes gekoppelt sind. Aus seinem Smart-Home kann dann der Bewohner Dinge, die fehlen oder die er gerne hätte, ordern. Sie werden ihm dann per Rohrpostsystem zugeführt, so dass er wegen Einkäufen die Wohnung nicht mehr verlassen muss. Dieses Rohrsystem könnte auch mit Restaurants der Stadt verbunden sein, so dass man sich sowohl gutes Feinschmeckeressen, als auch Fastfood jederzeit liefern lassen könnte. Man bedenke, wie weit wir heute schon auf diesem Weg sind. Wie viele Dinge, die man früher in kleinen oder größeren Geschäften gesucht und gekauft hat, werden heute von Paketdiensten und Lieferdiensten gebracht? Da diese den Verkehr und die Umwelt zusätzlich belasten, würde ein solches, ausgebautes Rohr-Liefersystem sicher bei vielen gesellschaftlichen Gruppen Zustimmung finden. Technisch realisierbar wäre es heute schon.
Gehen wir einen kleinen Schritt weiter in eine utopischere Welt, wo man dreidimensionale Spaziergänge durch die Natur digital simulieren kann oder wo man Sexualpartner über Dating-Agenturen bestellen kann, die dann in Form von Cyber-Sex-Erlebnissen geliefert werden. Auch dies ist im Prinzip machbar. Der Mensch könnte dann ein Leben führen, in dem er seine Wohnung im Prinzip nicht

mehr verlässt. Menschen, die in einer solchen Vereinzelung und räumlichen Isolierung leben, sind dann wahrscheinlich anfälliger für Krankheiten. Das würde sie dann aber vielleicht noch mehr dazu bringen, die Isolation zu akzeptieren. (Auf diese Idee wäre „Jerry", die Maus, aus der Einleitung nicht gekommen). In einem solchem Haus der Modellstadt wäre es dann auch wahrscheinlich möglich, im sogenannten Home-Office zu arbeiten. Dies ist umso wahrscheinlicher, da sich nur gut ausgebildete Leute so eine Wohnung in der „perfekten Stadt" werden leisten können. Möglich wäre es dann sicherlich auch, Chaträume dreidimensional zu simulieren, in denen man sich mit Freunden oder interessanten Menschen treffen kann. Doch ich wage zu bezweifeln, ob in solchen Video-Konferenzen Spontanität, Witz und Geistesblitze eine Chance haben. (Vielleicht muss man sich aber auch erst an diese neuen Formen der Kommunikation gewöhnen, aber ich habe da meine Zweifel.)

In diese Richtung verweisen einige Erlebnisse, die ich mit Oberstufenschülern hatte. Wenn man bei einem Ausflug oder bei einer Klassenfahrt mit 20 Schülern zusammen saß, herrschte zumindest am Anfang oft langes Schweigen. Niemand konnte oder wollte etwas erzählen. Keine Spontanität, kein Witz! Ich musste dann den Animateur spielen, damit wenigstens ein bisschen Kommunikation zustande kam. Ein ähnliches Phänomen zeigt sich auch in der Unfähigkeit vieler Jugendlicher zu feiern. Der gemeinsame Rausch mit Lachen, Witz und Unvorhersehbarem ist eine Kunst, die man nicht vor den Bildschirmen lernen kann. Wie barbarisch und wenig freudvoll dagegen das „Eimertrinken" der „Mallorca-

Partys" oder das „Massen-Delirim" von Ischgl. Eigentlich sind das mehr Akte der Verzweiflung als der Lebensfreude. Räusche aus Lebensfreude enden in der Regel nicht auf der Intensivstation oder im Koma, sondern vielleicht bei einem Blues in einer am frühen Morgen fast menschenleeren Nachtbar. Aber diese Orte für einsame Nachtschwärmer gibt es auch nur noch selten. Viele klassische Orte von zufälliger, spontaner Kommunikation sind mehr und mehr weggefallen. Hier ist vor allem das Kneipensterben zu erwähnen, aber auch die früher sehr häufigen Straßen- oder Viertel-Gemeinschaften. Die 60iger- und auch die 68iger-Bewegung wären ohne die vielen Jazzkneipen, Eckkneipen, Beatschuppen, und Caffees und Undergroundläden gar nicht möglich gewesen. Dort fanden viele spontane Gespräche, Anregungen und die Anbahnung von Freundschaften und der damit verbundene Aufbau von sozialen Netzwerken statt. Diese Möglichkeiten existieren immer noch, doch nicht mehr in der alten Bedeutung.

Heute findet man vielleicht in einem Youtube Video oder einem Podcast Menschen, die offensichtlich ähnliche Meinungen vertreten wie man selbst oder die das eigene Bewusstsein und Wissen bereichern. Doch in diesen Medien ist ein wirklich überraschender oder erhellender Austausch eher selten. Viele verbleiben in sogenannten Echokammern, in denen sich nur Gleichgesinnte gegenseitig bestätigen. Hinzu kommt, dass ein soziales Gemeinschaftsgefühl nicht nur eine kognitive Sache ist, sondern maßgeblich eine emotionale Seite hat. Moderne Forschungen scheinen zu belegen, dass gerade die für die seelische Gesundheit von besonderer Bedeutung ist.

Auch die körperliche Gesundheit der Menschen ist durch die Vereinzelung vor den Bildschirmen gefährdet.

Menschen verabreden sich heute immer häufiger zu Sportwettkämpfen mittels entsprechender Apps, zum Beispiel durch vernetzte Hometrainer. Ähnliches gilt auch für den sogenannten E-Sport. Statt selbst auf dem Fußballfeld zu spielen und zu trainieren, trainiert und spielt man auf der Playstation gegen den Computer oder gegen andere Internetteilnehmer. Dies wird den Körper auf Dauer schwer schädigen, doch man kann wunderbar Geld damit verdienen. Die meist ehrenamtlichen Trainern auf den realen Fußballfeldern zahlen meist noch Geld dazu, doch sie tun Gutes für Menschen. Das tun die digitalen Wettkämpfe vor allem für die entsprechenden Anbieter und für die Pharmaindustrie, die dann gegen die unvermeidbaren körperlichen Schäden neue Medikamente entwickeln kann und muss.

All diese Erscheinungen haben sich in den letzten Jahren deutlich beschleunigt und sie weisen in die Richtung, dass die Menschen immer vereinzelter und isolierter existieren. Dies wird nicht nur für die körperliche Gesundheit der Menschen Folgen haben, sondern auch für die geistige Leistungsfähigkeit. Denn Geistesblitze, Eingebungen und Problemlösungen ergeben sich oft in informellen, spontanen Begegnungen und Gesprächen, die nicht auf eine Funktion ausgerichtet sind.

Die große Gleichmacherei

Das Menschenbild, das dem Buch zu Grunde liegt und auf das ich immer wieder hinweise, ist die Annahme, dass der Mensch das außergewöhnlichste, großartigste und wahrscheinlich einmalige Wesen ist, das das Universum hervorgebracht hat. In unserem Gehirn sind mehr Zellen vernetzt als unsere Milchstraße Sterne hat, und das aller Unglaublichste ist wohl, dass der Kosmos durch uns sich seiner selbst bewusst geworden ist. Ob dies durch göttliche Fügung oder durch Außerirdische, die uns in der Entwicklung voraus waren, oder durch Zufall und Notwendigkeit (J. Monod) geschah, ist für mich hier unerheblich. Wichtig ist, dass weitgehend unbestritten ist, dass wir bewusstseinsfähige und damit nach meiner Interpretation auch zur Freiheit berufene Wesen sind. Und dieses Potential trägt jeder Einzelne von uns in sich, und wir sind in diesem Sinne alle gleich. In unserer Demokratie sind wir auch vor dem Gesetz alle gleich. Doch das heißt nicht, dass wir in der Realität tatsächlich gleich sind. Jeder Mensch ist auf dem Weg zu einem bewussten und freien Leben nicht gleich weit gekommen. Und in Bezug auf die Leistungsfähigkeit in den unterschiedlichsten Bereichen gilt das ebenso. In der Demokratie Deutschlands wird leider der Anspruch der Gleichheit vor dem Gesetz und vom Potential her oft mit dem realen Gleichsein verwechselt. Das führt dazu, dass der Einzelne oft seine Aufgabe, seine Besonderheit, die ein einmaliges Geschenk der Natur ist, durch den Druck der Gleichmacherei vernachlässigt. Die meisten Menschen haben es heute schwer, sich als etwas

Besonderes und Einmaliges zu sehen und zu präsentieren. Es herrscht besonders in einer Demokratie ein gesellschaftlicher Druck, sich möglichst als gleich zu sehen und man hat große Angst davor, aus der Masse herauszustechen. Das war in gewisser Weise schon immer so. Die meisten Menschen hassen es als Außenseiter dazustehen. Doch wenn der Mensch als Masse gesehen wird und schlimmer noch sich selbst so sieht, dann wird er auch leicht so behandelt. Von unserem Genpotential her sind wir sicher zu über 90% gleich. Doch die Gemeinsamkeiten sind keine besondere Herausforderung, die bestehen eh und es gibt auch eine allgemein sehr verbreitete Neigung in uns, sich nicht allzu sehr von der Masse abzuheben. Eine Gesellschaft, die von freien Individualisten ausgeht, die sich aus praktischen Gründen in einer Gesellschaft zusammenschließen, muss Unterschiedlichkeit und Besonderheit fördern. In unserer Gesellschaft, im Deutschland des Jahres 2020, geschieht dies aber tendenziell immer weniger. Und dies ist eine verhängnisvolle Entwicklung, denn wir entfremden uns dadurch unserer selbst und bereiten uns darauf vor, immer mehr als Masse gesehen und behandelt zu werden. Ich habe in den vorangegangenen Kapiteln schon indirekt einige Aspekte herausgearbeitet, die zeigen können, wie wir bereit gemacht werden uns daran zu gewöhnen, fremdbestimmt zu handeln.

Die große Gleichmacherei beginnt meistens schon in der Kindheit und in der Schule. Versuchen Sie sich doch bitte einmal zu erinnern. Welchen Satz haben Sie häufiger gehört: „Du bist etwas Besonderes, mache etwas daraus" oder den Satz: „Spiel dich nicht so auf, du bist nichts Besonderes?" Gerade in linksliberalen Kreisen ist die

Annahme, der Einzelne sei immer etwas Besonderes, geradezu verpönt. Doch muss man Menschen zur Bescheidenheit erziehen? Wer nicht neurotisch ist, wird durch das Leben von ganz alleine dazu erzogen. Natürlich weiß ich, dass manche Eltern ihre Kinder künstlich erhöhen, sie für kleine Genies und Ausnahmetalente halten.

Dazu hier einmal einige nicht wirklich wichtige, aber bezeichnende, eigene Erfahrungen, die ich als Fußball-Jugendtrainer machen musste. (Siehe dazu vielleicht mein Buch: „Jugendfußball heute" im Kindle-Verlag).

Relativ häufig tauchen beim Training Eltern auf, die in ihren Kindern ganz besondere Fußball-Talente sehen. Doch diese Eltern beziehen die Besonderheit ihrer Kinder meist nicht auf das, was die wirklich können, sondern auf den Status, den sie selbst haben oder glauben zu haben. Bei den Kindern führt das manchmal zu merkwürdigen Denkweisen. Man sei ein Top-Spieler, weil man die Top-Fußballschuhe habe oder einige Tricks der Superstars beherrsche.

Doch auch in der fußballerischen Ausbildung selbst wurde in den letzten Jahrzehnten in Deutschland tatsächlich oft vergessen, die reale Besonderheit von Kindern zu fördern. Keiner sollte mehr dribbeln, alle immer schnell den Ball abspielen, das war die Devise. Einzeltraining gibt es in Amateurvereinen praktisch gar nicht. In den letzten Jahren merkt man aber immer mehr, dass selbst im Profibereich Individualisten fehlen. Was nicht trainiert wird, verkümmert. Leider gilt das nicht nur im Bereich des Profi-Fußballs.

Im musikalischen Bereich genau die gleiche Erscheinung. Ich bin ein ziemlich unbegabter und nicht ausgebildeter

Gitarrero, doch habe ich viele kleine Gigs gemacht, bei denen ich nicht versuchte zu zeigen, was ich auf der Gitarre kann, sondern ich benutzte das Gitarrenspiel um Leidenschaft und originelle Gedanken, wie ich hoffe, ans Licht der Welt zu bringen. Wie froh wäre ich, verfügte ich über das Können manches jungen Gitarrenschülers. Doch wo war und ist deren Kreativität? Anscheinend geht es ihnen meist nur darum zu zeigen, was sie können oder dass sie besser sind als andere. Und so spielen dann brave deutsche Bürgerkinder Reggae und machen auf Jamaika-Boys oder in Rap auf amerikanische Gangster. Vergleicht man das mit der Musikszene in den 60igern und 70igern, so kann man erkennen, dass es gravierende Rückschritte in Eigenständigkeit und musikalischer Selbstverwirklichung gegeben hat, obwohl man sagen muss, dass die deutsche Szene auch in dieser „guten alten Zeit" mehr adaptierte als kreierte.

Eine besonders große Macht geht von den Sozialen Medien hinsichtlich der großen Gleichmacherei aus, worauf ich auch schon in dem Kapitel über die „hilfreichen Apps" hingewiesen habe. Doch hier nun einige neue Aspekte. Mobbing hat es zu allen Zeiten in Kindergärten und Schulen gegeben. Doch durch die Allgegenwart der „Social Media" hat es heutzutage noch eine ganz andere Bedeutung bekommen. Musste man sich früher in den Klassen, wenn man es schlecht getroffen hatte, nur mit ein paar Blödmännern herumschlagen, kann man durch „Social Media" nun vor der ganzen Schule an den Pranger gestellt werden. Um Opfer solcher Aktionen zu werden, kann es schon ausreichen, wenn man eine andere Frisur hat oder nicht die angesagten Klamotten trägt. Von daher benötigen Heranwachsende, wenn sie sich in ihrer Besonderheit präsentieren wollen, wirklich Mut. In jeder Schule gibt es eine zunehmende Menge ungeschriebener Gesetze, welche Schuhe, welche Hosen, welche Hemden und welche Röcke man tragen darf und welche nicht. Das gilt aber auch für Schulranzen, Sportsachen und Hefte, usw. Daraus erwächst ein immenser Druck zur Gleichfömigkeit, dem man sich nur schwer entziehen kann. In England, aber nicht nur dort, besteht man auf einer Schuluniform. Ein größerer Zwang zur Gleichheit ist ja kaum vorstellbar, aber für einige Schüler ist das manchmal weniger belastend für die Entwicklung zur individuellen Persönlichkeit als das Mobbing wegen Klamotten durch die Schulkameraden, multipliziert durch die „Social Media". Letztlich haben die angesprochenen Zwänge hinsichtlich äußerer Erscheinung natürlich viel mit Mode zu tun. Mode ist aber kein individueller Geschmack, sondern etwas, das systematisch an die Konsumenten herangetragen wird. Sehr wichtig sind dafür Promis, auch Fußballpromis und Moderatoren von Fernsehsendungen. Fast alle Sender und Promis haben Marktfirmen als Ausrüster, die dafür viel Geld zahlen müssen, aber auch den Anspruch haben, dass ihre Vertragspartner diese Sachen dann in den Medien tragen. So läuft dann auf einmal ein Großteil der Fußballer mit auffällig gefärbten, da so gut zu identifizierenden Schuhen, über den Platz. Es dauert meist nur wenige Wochen, bis dann auch die Jugendkicker damit beim Training auftauchen.

Viele der Sportmoderatoren liefen im Februar 2020, bis die Corona-Krise den üblichen Sportsendungen ein Ende machte, in weißen Marken-Turnschuhen durch die Sendungen und die Moderatorinnen, ob bei Sportsendungen oder in Sendungen zum Corona-Virus, staksten in hohen Stöckelschuhen durchs Bild. Meistens standen sie aber nur herum, vermutlich weil es gar nicht so einfach ist, damit zu gehen. Doch ich denke, sie hatten da keine Wahl, als in diesen Schuhen aufzutauchen, die man sonst nur von Damen in Sexclubs kennt. Während der Corona-Krise änderte sich dann langsam das Outfit der Moderatoren. Doch meistens saßen zu Beginn der Corona-Krise noch fröhlich lächelnde Damen in Frühlingskleidern an den Moderatoren-Tischen, um sich dann schockierenden Bildern aus New York oder Italien zuzuwenden.

Mittlerweile gibt es Online-Anbieter, die die Menschen in Typen einteilen und dann entsprechende Komplettangebote, von den Schuhen, den Socken, den Hosen, den Hemden bis zu den Sakkos anbieten. Wo ist die Zeit geblieben, als Menschen, durch die Welt reisten, auch um ihren eigenen Kleidungs-Stil zu entwickeln? Wie immer kann ich hier wieder nur darauf hinweisen, dass es das immer noch gibt, doch dass der Trend in die andere, bedenkliche Richtung geht.

Wenn man sich mit der Phänomenologie unserer Gesellschaft beschäftigt, muss man natürlich über Autos reden. Auch dort kann man eine Gleichförmigkeit und Normierung beobachten, die zum Teil unglaublich ist. Unglaublich ist, dass trotz der Tatsache, dass sich fast jeder zum Umweltschutz bekennt, immer mehr SUVs auf unseren Straßen zu sehen sind. Ich habe nicht den Eindruck, dass seien alles zu Gewerbzwecken genutzte Autos. Man muss wohl davon ausgehen, dass der Kauf solcher Autos auch durch ein unterschwelliges Gefühl der

Bedrohung animiert wird, das durch diese „Panzer-Autos" gemildert wird.
Auch die Farben der Autos unterliegen anscheinend starken Normierungen und ein tristes Grau und Schwarz bestimmt das Bild unserer Straßen.

Das Reiseverhalten ist ebenfalls immer mehr dadurch normiert, dass die Veranstalter so günstige Angebote machen können, dass man verlockt wird, Komplettprogramme zu nutzen. Das bekannteste Beispiel dafür ist die bis zur Corona-Krise boomende Kreuzfahrtindustrie. Und das trotz der Tatsache, dass gerade Kreuzfahrten zu den die Umwelt belastendsten Reiseformen überhaupt zählen.
Immer weniger Jugendliche machen sich mit Freunden im eigenen Auto auf, nur mit dem Ziel: Süden, oder so etwas. Das ist schade, da nur das Unerwartete, das Ungeplante, das Spontane den eigenen Erfahrungshorizont erweitern und neues Denken anstoßen kann. Doch wenn solche Abenteuer-Fahrten mehr kosten als ein vierzehntägiger Mallorca-Aufenthalt mit Flug und Halbpension für 300 Euro, dann kann man das Reiseverhalten vieler Jugendlichen verstehen, aber nicht gutheißen, was mich betrifft. Reisen sind heute oft genau so durchorganisiert wie der Alltag.
Kommen wir von diesen oberflächlicheren Bereichen zu den Normierungen des Denkens. Hält man es für möglich, dass der jetzige Klimawandel einem natürlichem Rhythmus folgt, wird man schnell diffamiert und ausgegrenzt. Wahrscheinlich ist die Erwärmung vor allem durch den Menschen verursacht, doch wissenschaftlich ist es keineswegs unmöglich, ja sogar wahrscheinlich, dass

es sich um ein Zusammenspiel mehrerer verursachender Faktoren handelt. Ähnliches gilt für die Haltung zur Migrationsfrage. Dazu habe ich mich schon auf vorangehenden Seiten dieses Buches geäußert. Deshalb sage ich hier nur Folgendes: Die 60iger-Menschen waren ideologisch keine Linksliberalen, keine Grünen oder sonst etwas Parteiliches, sondern Freigeister. Und zum freien Denken gehört auch die Offenheit der Ergebnisse des Nachdenkens. Die Art, wie in den Medien über brisante Themen diskutiert wird, fördert nicht die Freiheit des Nachdenkens, sondern die Normierung. Ich kenne Menschen, die bestimmte Meinungen zu gesellschaftlichen Fragen haben, sich aber nicht mehr trauen, diese öffentlich auszusprechen. Von daher ist der Weg nicht mehr weit, wo man es nicht mehr wagt, abweichende Gedanken überhaupt zu entwickeln.
Nun komme ich zu drei Bereichen, die besonders sensibel sind. Sobald man sich dort jenseits der von den Medien gelegten Demarkationslinien bewegt, kann das zur kompletten Verdammung eines Autors oder eines Buches führen oder zur Ausgrenzung aus dem Bekanntenkreis.
Jeder Mensch muss das Recht haben, Kinder in die Welt zu setzen, doch das heißt noch nicht, dass alle dafür gleich geeignet sind und der Staat hier auch alle gleich behandeln sollte und muss. Sieht man das Kindergeld auch als eine Motivation an, Kinder in die Welt zu setzen, so muss man sich doch fragen, ob es wirklich sinnvoll ist, solche Anreize bei bestimmten Familien zu setzen. Ungefähr 8% (Ich nehme hier den niedrigsten mir bekannten Wert) aller Kinder wachsen in einer Familie auf, in der mindestens ein Elternteil drogensüchtig ist. Hier müssen die Jugendämter dann versuchen, die Kinder

vor kompletter Verwahrlosung zu bewahren, was ihnen nicht immer gelingt. Doch das Problem ist natürlich, dass gerade diese Familien besondere finanzielle Unterstützung brauchen, um ihre Kinder mit dem Nötigsten zu versorgen. Für das Wohl der Kinder wäre es ebenfalls problematisch sie generell aus diesen Familien zu Pflegefamilien oder in Heime zu geben. Doch wie sieht eine andere Lösung aus? Eine wäre, Kindergeld nur auszuzahlen, wenn potenzielle Eltern vorher, das heißt vor der Geburt, ein pädagogisches Zertifikat erworben haben. Sie brauchen das nicht zu tun, doch wenn sie es nicht tun, gibt es keine finanzielle Unterstützung, was dann wahrscheinlich darauf hinauslaufen würde, dass diesen Eltern die Kinder schon sehr früh weggenommen werden müssten. Aber das liegt dann am Verhalten der Eltern.

Das Argument, dann würde es vielleicht noch weniger Kinder geben, ist nicht wirklich überzeugend. Wir werden angesichts von Millionen Zuwanderern mit größerer Fertilitätsrate erwarten können, dass sich der gegenwärtige Trend der Überalterung der Gesellschaft nicht wie bisher fortsetzt. Zudem hängt eine Bewertung dieser Problematik davon ab, welches Gesellschaftsbild man hat. Eine Gesellschaft freier Individuen mit sozialer Verantwortung lässt sich besser erreichen, wenn die Bevölkerungsdichte nicht zu groß ist. Deutschland hat gerade in den westlichen Bundesländern eine der größten Bevölkerungsdichten in ganz Europa. Was spricht dagegen, im Sinken der Bevölkerungszahl etwas Positives zu sehen? Ich glaube, dass die einseitig negative Bewertung vor allem von dem Interesse der Industrie diktiert wird, möglichst viele Konsumenten für Waren zu haben. Auch für die Umweltproblematik wäre eine kleinere Bevölkerung durchaus positiv. Wieso wird das von den Umweltaktivisten nicht diskutiert?

Kommen wir zu der großen Gleichmacherei zwischen den Geschlechtern. Männer und Frauen sind genetisch und epigenetisch unterschiedlich. Die unterschiedlichen Attribute von Mann und Frau sind dabei im Prinzip gleichwertig. Wer wagte schon zu beurteilen, ob dem Zeugungsakt oder dem Geburtsakt größere Bedeutung zukommt? Doch auch in der Frage der Gleichberechtigung wird oft der Fehler gemacht, von der Gleichwertigkeit auf reale Gleichheit zu schließen. Wenn über Jahrhunderte nur Männer naturwissenschaftliche Forschung betreiben konnten, dann sollte man nicht erwarten, dass Frauen deshalb heutzutage die gleichen mathematischen und logischen Fähigkeiten haben, nur weil sie das Recht haben, sich auch in diesen Berufen zu verwirklichen. Von den Männern kann man anderseits deshalb auch nicht erwarten, dass sie die gleiche Einfühlsamkeit in Emotionen und Motivationen von Menschen haben wie Frauen, die das vor allem in dem Verhältnis zu ihren Kindern über Jahrtausende trainieren konnten. Betrachtet man die Problematik aus kulturhistorisch-soziologischer Sicht, dann man vermuten, dass in der Zeit der Jäger und Sammler die Männer mit großer Wahrscheinlichkeit diejenigen waren, die mehr Macht als Frauen hatten. Fast alle ethnologischen Studien über Völker, die jetzt noch in einem sehr naturnahen Zustand leben, bestätigen diese Annahme. Doch keiner der Forscher war in der Steinzeit dabei und insofern sind es nur Vermutungen. Die gesellschaftliche Vorrangstellung des Mannes war wohl vor allem durch seine körperliche Überlegenheit begründet. Die Jagd und die

Verteidigung der Gruppe war vor allem Männersache und das war für die Existenz des Stammes sicher, phänomenologisch betrachtet, wichtiger als die eigentlich genauso nötige Arbeit der Frauen. Das änderte sich schon ein wenig in der Zeit der Ackerbauern, weil für die Arbeit auf dem Feld und im Stall Männer und Frauen fast gleich geeignet sind. Und in der Tat findet man bei familiären Bauernbetrieben auch heute noch öfters eine solch gleichberechtigte Partnerschaft. Dies fand aber im politischen-öffentlichen Bereich meist nicht die angebrachte Entsprechung, da hatten meist die Männer das Sagen. Doch zu Hause sah das oft ganz anders aus. Man bedenke, welche untergeordnete Rolle zum Beispiel Sokrates und Aristoteles gegenüber ihren Frauen spielten. Das ging bis zur Lächerlichkeit, wenn man den alten Geschichten glauben kann. Doch es bleiben trotzdem ganz großartige Denker, für deren Arbeit ihnen der Dank der ganzen Menschheit gebührt. Unter den Philosophen gibt es aus schon angedeuteten Gründen nur sehr wenige Frauen. Dies liegt konkret vor allem daran, dass Frauen zu wenig schulische Ausbildung bekamen und sie kaum Gelegenheit hatten, ihre logische Intelligenz zu zeigen. Man erwartete es nicht von Ihnen, und sie hatten nicht die Möglichkeiten, solche Fähigkeiten zu trainieren, was dann zu einer „self fullfilling prophecy" werden kann und wurde. Dadurch, dass heute die Frauen das Recht haben, sich auch in ehemaligen Männer-Domänen zu betätigen, haben sie die dazu nötigen Fähigkeiten noch nicht. Dass man Frauen wegen der historischen Unterdrückung und der dadurch entstandenen Benachteiligungen heute besonders fördern will, ist absolut nachvollziehbar und begrüßenswert. Doch wenn das bedeutet, das Geschlecht höher als die Kompetenz zu bewerten, kann das nicht gerecht und förderlich für die Entwicklung beider Geschlechter sein. Wenn Frauen nur wegen ihres Geschlechtes zu Moderatorinnen von Politik- oder Sportsendungen werden, oder Vorstandsposten besetzen, kann der Gesellschaft damit nicht gedient sein. Vor allem, wenn das mit einer Herabwürdigung des Mannes und des Männlichen verbunden ist. In meinen Augen ist es sowohl wünschenswert, Frauen in bisher vernachlässigten Bereichen kompetenter zu machen, sich aber auch bewusst zu machen, dass die Unterschiedlichkeit auch ihre Berechtigung und Vorteile hat. Das ganze Spiel der Erotik (Ich rede hier nicht von Sex oder Pornographie) lebt von dieser Unterschiedlichkeit, und ich denke, es gilt nicht nur in diesem Bereich. Wie viele Frauen haben unser Leben (Ich meine hier das beider Geschlechter) schöner und kultivierter gemacht, weil sie einen Sinn dafür haben, etwas schön zu machen, sei es Wohnung, Essen oder Freizeitgestaltung? Ich wäre sehr froh, wenn unsere Städte nicht vor allem von Männern geplant worden wären, sondern von Frauen. Dann wären die Städte von der Phänomenologie her wohl heimischer und mehr Heimat geworden. Doch wenn es der Antrieb von Frauen ist, Männer in ihrer oft bedenklichen, auf Wettbewerb und Ehrgeiz gerichteten Art, noch zu übertreffen, wird unsere Welt dadurch weder für Frauen noch für Männer lebenswerter werden. Manchmal träume ich von der Zeit in den 60igern als Frauen bunte Blumenkinder sein wollten.

Seit der Zeit der Industrialisierung hat eine neue Form von Gleichmacherei zwischen Männern und Frauen eingesetzt, die ihre Ursache darin hatte, dass man Frauen als neue Arbeitskräfte entdeckte. Mit dem alten Familienmodell der Rollenaufteilung zwischen Mann und Frau ließ sich die immer schneller wachsende Wirtschaft nicht mehr vorantreiben. Also signalisierte man den Frauen, wahre Gleichberechtigung sei es, berufstätig zu werden, im Sinne von bezahlter Lohnarbeit. Dies hat sich in den letzten Jahrzehnten noch verstärkt, weil manche Familien finanziell nicht mehr klarkommen, wenn nicht beide Partner arbeiten. Dies hat natürlich Folgen für die Kindererziehung, die aus diesem Grund nun vor allem vom Staat, von der Kita bis zu den Ganztagsschulen übernommen wird. Ich bezweifle stark, dass dies nur Vorteile für die Kinder hat, doch das ist ein anderes Thema. Manche Kinder bekommen ihr Essen nur in der Schule und jetzt in der Zeit der Corona-Epidemie wissen einige Eltern auf einmal nicht mehr, wie sie ihre Kinder ernähren sollen. Welch unsägliche Zustände in einem eigentlich reichen Land, in dem der Reichtum aber immer ungerechter verteilt ist.

Viele Frauen arbeiten im Niedriglohn-Sektor und fragen sich vielleicht dann doch hin und wieder, wenn sie von dieser Knochenarbeit für extrem wenig Geld nach Hause kommen, ob die Frauen es in der alten Familienkonstellation nicht besser hatten. Ich persönlich habe da eher Zweifel, weil ich noch aus so einer Familie mit klassischer Rollenverteilung komme und Tag für Tag sehen konnte, wie meine Mutter, vor allem nachdem die Kinder aus dem Haus waren, immer mehr verkümmerte. Doch ich erinnere mich auch noch sehr gut daran, welche Geborgenheit nur durch die immer anwesende und um uns besorgte Mutter entstand.

Für mich gibt es nur eine Form von Gleichheit zwischen

Männern und Frauen, die ich gutheiße, und das ist die gleiche Bezahlung für gleiche Arbeit und die Besserbezahlung von den vielen Frauen, die in den Krankenhäusern, Pflegeheimen, Kitas und Supermärkten arbeiten. Und siehe da, bei der Behebung dieser Unterschiede tut sich unsere Gesellschaft schwer. Als Konsumenten sollen wir möglichst alle gleich werden, aber sobald es den finanziellen Eliten Geld kostet, da beharren historische Unterschiede erstaunlich lange.

Egal, welche Meinung Sie zu dieser Problematik vertreten, eines ist sicher: Dieses Thema kann man in der Öffentlichkeit kaum diskutieren. Deutet man nur an, man sehe auch negative Konsequenzen der Emanzipation, dann verhärten sich die Fronten sehr schnell, abgesehen davon, dass ich persönlich keinen Mann kenne, der es auch nur wagt, in der Gegenwart von Frauen dieses Thema anzusprechen. Vielleicht wäre es aber doch gut für das Zusammenleben, dass beide Geschlechter wieder mehr Respekt vor der jeweiligen Andersartigkeit haben und gewisse Unterschiede wieder kultiviert werden. Das muss keineswegs mit einer neuen Unterdrückung der Frau einhergehen.

Nun zum nächsten extrem sensiblen Bereich: Dem demokratischen Wahlrecht. Es ist in meinen Augen eine große Errungenschaft, dass das Wahlrecht unabhängig von Stand, Reichtum, Hautfarbe oder Geschlecht jedem zusteht. Doch wieso lässt man es Menschen praktizieren, die noch nicht einmal wissen, was sie genau bei einer Wahl wählen und die niemals ein Wahlprogramm einer Partei gelesen haben? Wenn sich viele Wähler sehr irrational entscheiden und sich leicht in eine bestimmte Richtung manipulieren lassen, dann kann man Politikern und anderen Machtmenschen nicht wirklich böse sein, wenn sie das dann auch tun.

Jason Brennan glaubt, dass viele Wähler sich so unvernünftig wie Hooligans von Fußballvereinen verhalten und wir diesen Leuten nicht das Wohl unserer Gesellschaft anvertrauen dürfen. Obwohl ich diesen Vergleich für wenig hilfreich halte, muss ich ihm prinzipiell doch zustimmen. Ganz im Sinne von Jason Brennan schlage ich vor zu überlegen, ob so etwas wie ein Wahl-Führerschein sinnvoll wäre. Wer diese Prüfung, die in Volkshochschulkursen vorbereitet werden könnte, besteht, bekommt dann ein doppeltes Stimmrecht. (Plurales Wahlrecht, siehe J. Stuart Mill). Und ich würde noch weiter gehen, man könnte zusätzliche, soziale Kriterien mit aufnehmen, wie zum Beispiel, Übernahme eines Ehrenamtes, was dann bewirken könnte, dass man sogar ein dreifaches Stimmrecht hat. Solch ein Wahlsystem würde natürlich die Intellektuellen bevorzugen. Doch, was soll daran schlecht sein? Denn es geht hier nicht um gut und böse, oder dumm oder schlau, oder ungebildet oder gebildet, sondern darum, wie man gewährleisten kann, dass Wahlentscheidungen sich mehr am Allgemeinwohl orientieren und eine gewisse Rationalität haben. Wenn man den Menschen allerdings generell als unfrei und irrational sieht, dann hat die Demokratie in welcher Form auch immer auf die Dauer eh keine Chance. Wenn das gestaffelte Wahlrecht realisiert würde, würde sich wahrscheinlich auch das Verhalten der Parteien und der Politiker ändern. Dann wäre vielleicht endlich Schluss mit den Fähnchen und Luftballons, die die Kandidaten und Parteien vor den Wahlen so gerne verteilen. Inhaltlich würde das bedeuten, dass Politiker, die von rationaleren Wählern ausgehen, auch eine rationalere Politik machen.

Generell muss man feststellen, dass die große Gleichmacherei auch die Parteien selbst erfasst hat. Unbestritten unter Politologen ist, dass sich das gesamte Parteienspektrum immer mehr an der sogenannten Mitte orientiert. Mit kleinen Unterschieden kann man CDU/CSU, die FDP und die SPD, ebenso wie die Grünen und die Linken dem links-liberalen Mitte-Spektrum zuordnen. Und alle Parteien wollen sich seit einem Jahrzehnt als Retter der Umwelt hervortun. CDU, FDP und SPD unterscheiden sich da nur noch wenig von den Grünen, allenfalls betonen sie etwas mehr, dass eine Umweltpolitik nicht zu Lasten der deutschen Wettbewerbsfähigkeit auf wirtschaftlichem Gebiet gehen solle. All diese Parteien unterstützen mit unterschiedlichen Nuancen das Multilaterale. Niemand wagt, die Mitgliedschaft in der Nato oder der EU in Frage zu stellen. Bei den vielen Bundestagsreden, die ich mir zur Recherche an diesem Buch angehört habe, endeten die meisten Sätze der Abgeordneten der etablierten Parteien mit der Forderung, dies müsse europäisch geregelt werden, was in der Realität nichts anderes bedeutete, als das gar nichts geschieht. Die AFD ist da in meinen Augen erst einmal eine Bereicherung des Parlamentes, da von diesen Abgeordneten schon einmal andere Argumentationen zu hören sind. Ob man die überzeugend findet, das muss jeder selbst entscheiden. Doch sie als Nazis und Rassisten zu beschimpfen und ihnen den Handschlag zu verweigern, ist nicht zu ertragen. Wenn man demokratisch gewählte Vertreter des Volkes weder als Menschen noch als Abgeordnete akzeptiert, ist dies schlicht und einfach

gesprochen unsozial und undemokratisch. Typisch dazu der Satz der Kanzlerin Merkel, nach der berüchtigten Thüringen-Wahl: „Das Ergebnis der Wahl müsse umgehend rückgängig gemacht werden."
Die gleichartige Orientierung der meisten Parteien an der sogenannten Mitte spiegelt sich auch in der deutschen Presselandschaft wider. Früher war die polarisiert in dem Spektrum der sehr nationalen Bildzeitung bis zum „linken" Spiegel, der eine sehr kritische Haltung gegenüber dem Kapitalismus hatte. Dazwischen positionierten sich dann die anderen wichtigen Zeitungen wie SZ, FAZ, Der Stern, Die Zeit und die Berliner Zeitungen, die TAZ und verschiedene Satirische Magazine. Heute ist die Bildzeitung manchmal kritischer gegenüber der Regierung als der Spiegel, für den Verstaatlichung zu einem Unwort geworden ist. Das Gedankengut der AFD wird in allen etablierten Zeitungen polemisiert und diabolisiert. Das amerikanische Volk als irgendwie verblödet dargestellt, weil sie Trump gewählt haben. Die Briten werden als die neuen Spinner Europas dargestellt und national orientierte Regierungen in Osteuropa werden in die Nähe von Nazis gebracht. Alle Argumente haben in einem gewissen Maße ihre Berechtigung, doch Zeitungen in Deutschland ähneln heutzutage mehr einem Sprachrohr der Regierung, da wirkliche Alternativen nicht thematisiert werden und Kritik meist sehr vorsichtig und fast nie systemkritisch daherkommt. Dadurch haben wir einen Zustand, in dem auch die Presse ähnlich wie die Parteien immer weniger die Plattform ist, auf der die Gestaltung der Zukunft Deutschlands diskutiert wird.

Politik: Begleitung statt Gestaltung

Auch hier war der „Tipping Point" in Deutschland das Jahr 1990, das Jahr der Wiedervereinigung und des endgültigen Zusammenbruchs aller sozialistischen Träume im Osten. Endgültig? Das dachte man jedenfalls damals. Und alle, die über freies Kapital verfügten, standen in den Startlöchern und scharrten mit den Füssen, um ehemalige Staatsbetriebe zu übernehmen. Das koordinierte im ehemaligen Ostdeutschland die Treuhandgesellschaft, die einen Betrieb und eine staatliche Organisation nach der anderen abwickelte, das heißt oft, „gegen die Wand fuhr" oder privatisierte. Die Idee, zwei assoziierte Staaten mit zwei unterschiedlichen Wirtschaftssystemen nebeneinander existieren zu lassen, wurde nicht wirklich in Betracht gezogen. Schnell vergessen wurde die Absicht eine neue, gemeinsame Verfassung zu entwickeln. Die Devise war, wir lassen die Marktwirtschaft auf den Osten Deutschlands los und dann entstehen dort die blühenden Landschaften, von denen Kohl einige Monate laut fabulierte. Er wusste, dass er für die Übernahme der DDR, denn das war es, einen hohen Preis bezahlen musste, doch er wollte wahrscheinlich unbedingt als historische Persönlichkeit in die Geschichte eingehen. Der Preis war die Aufgabe der deutschen Souveränität hinsichtlich der Finanz- und Geldpolitik mit dem Kernpunkt der Aufgabe der Deutschen Mark. Dafür hätte es in Deutschland bei einer Befragung der Bürger meiner Meinung nach keine Mehrheit gegeben. Also wurde das einfach im Überschwang der Wiedervereinigungs-Euphorie durchgezogen. So schnell wie möglich. Vor allem die Engländer, aber auch die Franzosen sahen darin eine Möglichkeit, die wirtschaftliche Vormachtstellung Deutschlands in Europa einzuschränken. Die Briten waren dann aber so clever, nicht daran zu denken, den Euro selbst einzuführen. So entstand die Situation, dass eine Verwirklichung oder überhaupt die Etablierung einer Idee, wie die deutsche Gesellschaft in 50 Jahren aussehen solle, nicht mehr die Aufgabe deutscher Politik, sondern eine europäische Aufgabe sein sollte. Ein Ziel ebenso ehrenwert wie unrealistisch. Im Prinzip überließ man die Aufgabe aber den freien Kräften der Marktwirtschaft. Adenauer und Erhard wollten eine soziale Marktwirtschaft. Doch das geriet in Vergessenheit, jedenfalls, was das Soziale anbelangt. Und Adenauer hätte sich sicher im Grabe herumgedreht, hätte er mitbekommen, dass seine „Rheinische Republik" nun zu einem Großstaat unter den Gestaltungsfesseln der EU geworden war. Das Ganze intensivierte sich, als A. Merkel Kanzlerin wurde. Die hatte bei der Märchenstunde Kohls über die blühenden Landschaften wohl besonders gut zugehört, ließ aber zu, dass ein Teil ihrer Heimat so ausgeschlachtet wurde, dass es dort fast menschenleere Gegenden gibt, in denen sich die Wölfe „Gute Nacht" sagen. Doch die großen Kapitalisten in den Hedgefonds und die Milliardäre in aller Welt schliefen nicht und nutzten die Situation, um auch im Westen die Privatisierung voranzutreiben. Die Bundesbahn, die Post, die Krankenhäuser und sogar Stadtwerke der Kommunen wurden privatisiert, das heißt: aufgekauft. Firmen wurden teilweise oder ganz von ausländischen Kapitalgebern übernommen. Die Bundeswehr, die ja keinen Gewinn abwerfen kann, wurde so sehr vernachlässigt, dass der Wehrbeauftragte 2019 auf die Frage, ob die Bundeswehr in der Lage sei, das Territorium Deutschlands zu verteidigen, einen Lachanfall bekam und sagte: „Natürlich nicht". Wenn man weiß, dass die Bundeswehr die gleiche Mannstärke (180.000) wie das Schweizer Heer hat, kann das nicht besonders verwundern. Wundern kann man sich aber vielleicht doch, dass in Deutschland ungefähr 50% des militärischen Geräts nicht einsatzfähig ist. Die Bundeswehr ist damit zu einem reinem Konsumenten von Rüstungsgütern geworden, bei der es nicht auf die eigentliche Aufgabe der Landesverteidigung ankommt, sondern nur darauf, gewisse Erfüllungsgehilfen für die USA zu leisten und Abnehmer von Rüstungsgütern zu sein. Auch hier hätten sich Adenauer und wahrscheinlich auch Willy Brandt wohl im Grabe herumgedreht. Dass Industrie und Bundeswehr auch eine Funktion für die Daseinssicherheit des Volkes haben, war den „Politikern der Nichtführung" anscheinend nur ein altmodischer Gedanke. So etwas widersprach ja dem Geist der Marktwirtschaft und wurde später dann zusätzlich befeuert durch die Ideologie der Globalisierung. Die Marktwirtschaft würde alles schon zum Besten regeln. Eine Armee, die ihr Land verteidigen kann, Schutzbunker auch für die Bevölkerung oder Materialien zum Infektionsschutz schienen ebenso wenig nötig wie Regulierungen des Kapitalismus. Der Kalte Krieg war vorbei und die Marktwirtschaft würde ein neues Paradies schaffen! Spätestens in der Finanzkrise 2008/09 zeigte sich, dass das aber nicht so war. Die Deregulierung des Bankensystems hatte bewirkt, dass

Bankinstitute sich nicht mehr auf ihr Kerngeschäft als Geldversorger für das produzierende Gewerbe und für private Initiativen beschränkten, sondern sich immer mehr dem lukrativeren Geschäft der Finanzspekulation widmeten. Daraus entstand dann in den USA eine Immobilienblase, deren Platzen selbst große deutsche Banken, die in diesem Geschäft fleißig mitgemischt hatten, an den Rand des Abgrundes brachte. Mit Steuergeldern wurden die an-geschlagenen Bankinstitute gerettet. Dass das Versagen von Managern, die vorher Millionen an Boni-Zahlungen bekommen hatten, mit ihrem Steuergeld ausgebügelt wurde, erschütterte das Vertrauen vieler Bürger in die Politiker. Politik als Auffangbecken für die Fehler der Kapitalisten, sollte das deren neue Rolle sein? Die Politiker feiern die Rettung des Bankensystems noch heute als große Leistung. Unfassbar! Unfassbar auch, dass die Absicherungen gegen eine Wiederholung einer solchen Krise nur rudimentär sind. Die Bonizahlungen haben fast die alten Millionenhöhen erreicht. Obwohl zum Beispiel die Deutsche Bank im letzten Jahr (2019) einen Verlust von 5 Milliarden Euro gemacht hat, zahlte sie wieder Boni-Zahlungen und Dividenden. In Deutschland wird die Schere zwischen Arm und Reich immer größer und der Mittelstand trocknet mehr und mehr aus. Immer mehr wirtschaftliche Ungleichgewichte ließen schon vor der Corona-Krise erwarten, dass es bald zu einer Wirtschaftskrise kommen werde. Dem versucht die EZB entgegenzuwirken, in dem sie Milliarden um Milliarden in den Markt pumpt, bis man seit 2019 bei einem Negativ-Zinssatz angelangt ist.
Die großen Internetforen, die meist von ausländischen

Konzernen betrieben werden, zahlen in Deutschland wenige oder gar keine Steuern und unterliegen kaum einer Kontrolle. Man muss sie immer wieder bitten, bestimmte Fake-News oder Hassnachrichten aus dem Netz zu nehmen. Die großen Online-Anbieter wie Amazon ruinieren den deutschen Einzelhandel mehr und mehr. Das sei der Globalisierung geschuldet, da könne man nichts machen, scheint die Haltung vieler Politiker zu sein.

In Bezug auf das Problem der politischen Nicht-Führung oder Nichtgestaltung der „Merkelzeit" ergibt ein Vergleich mit Ameisenstaaten ein erstaunliches Ergebnis. Im Ameisenstaat gibt es eine differenzierte Organisation, Arbeitsteilung und eine Hierarchie, wobei die Elite bei den meisten Arten praktisch nur aus einem Wesen besteht: der Königin. Doch etwas gibt es in diesen Insektenstaaten nicht: politische Gestaltung. Der Staat und das Verhalten des Einzelnen gestalten sich praktisch selbst. In diesem Sinne ist ein Staat, in dem die Politik nur ein Begleiter des Geschehens ist, auf dem Weg zu einem sich selbst steuernden, aber nicht mehr gestalteten Gemeinwesen. Zusammenfassend aus den bisher beschriebenen Entwicklungen und Befindlichkeiten der Einzelwesen und der Rücknahme des Politischen ergibt sich der Verdacht, dass die Transformation nicht nur auf der Ebene des Individuellen voranschreitet. Doch natürlich sind wir noch keine Ameisen und auch noch kein Ameisenstaat. Aber vielleicht sind wir auf dem Weg dorthin. Träumt die globalisierte Finanzelite nicht schon davon aus, die neue auserwählte Schicht zu sein? Anders als bei der Ameisenkönigin ist zur Zeit aber nicht erkennbar, dass sie dabei vor allem das Gemeinwohl im Auge hat.

Der Verlust der Inhalte oder das Primat der Form

In den vorangegangenen Kapiteln habe ich versucht zu zeigen, auf welchen Wegen sich die fortschreitende Transformation des Menschen zu einem mehr außen geleiteten, fremd bestimmten Wesen zur Zeit vollzieht. Ich habe dargelegt, dass der Dauerstress, das Gehetztsein, das fehlende Heimatgefühl, die falschen Glücksversprechen, die Seinsvergessenheit und die daraus sich ergebende Leere Menschen besonders bereit macht für beständige Ablenkung und Konsumorientierung. Dies führt dann auch dazu, dass sie die zunehmende Reglementierung und Kontrolle, in jüngster Zeit vor allem durch entsprechende Apps, meist widerstandslos hinnehmen. In den nun folgenden Kapiteln geht es um einen anderen Aspekt der befürchteten Transformation: Dem Verlust der Inhalte. Der Verlust der Inhalte ist die eine Seite der Medaille, das von mir sogenannte Primat der Form ist die andere Seite. Ich habe den Eindruck, dass die Menschen systematisch daran gewöhnt werden, sich nicht von Inhalten, sondern von Formen leiten zu lassen. Das ist eine Methode, die vor allem in der militärischen Ausbildung zu finden ist. Der Soldat muss lernen, nicht zu fragen, warum er etwas macht oder was der Inhalt der Aktion ist, sondern er muss auf die Form achten, mit der ihm die Aktion aufgetragen wird: den Befehl. Ganz ähnlich werden Menschen dazu gebracht, sich nicht vom Inhalt der Waren, sondern vor allem durch seine Form, durch die Art seiner Darbietung zum Kauf verleiten zu lassen. Ähnliches gilt auch im politischen Bereich. Viele Menschen werden mehr durch das Aussehen eines Politikers als durch sein Programm beeinflusst. Der Sinn von Aussagen und Absichten gerät immer mehr in den Hintergrund. Dies gilt in der großen Politik wie im Alltag. Fragt man zum Beispiel danach, wieso man an dieser Stelle nicht parken könne, dann erhält man in der Regel als Antwort, weil es verboten ist. Diese gefährliche Verschiebung von Inhalt und Form findet man in den verschiedensten Bereichen der Gesellschaft. Ich werde sie jetzt in den unterschiedlichsten Feldern etwas genauer beschreiben.

Der Verlust der Inhalte in der Sprache

Kulturelle Entwicklungen zeigen sich nicht nur im Realen, sondern spiegeln sich immer auch im Sprachgebrauch. In der Welt der Wörter bedeutet der Verlust der Inhalte, dass Begriffe so verwandt werden, dass sie nicht mehr auf den eigentlichen Inhalt zeigen, sondern die Beziehung zwischen dem Begriff und dem Inhalt beliebig oder verzerrt wird. Diese Verschiebung der Ebenen ist am Auffälligsten in der Werbung. Hierzu nun einige Beispiele. Was der Begriff **Freiheit** für mich bedeutet, und nicht nur für mich, habe ich auf den vorangegangenen Seiten schon erläutert. Für mich bedeutet er, verkürzt gesagt, die Fähigkeit, selbstbestimmt zwischen Entscheidungsalternativen abwägen zu können. Sehen Sie sich einmal an, wie der Begriff „Freiheit" in der Werbung verwandt wird. Für einen digitalen Flatrate-Anbieter bedeutet Freiheit anscheinend etwas komplett Anderes: „Freiheit ist, wenn dein Speicher so groß ist wie dein Datenvolumen", heißt es dort. In einer anderen Werbung wird „Freiheit" mit einem Staubsauger in Verbindung gebracht. Ganz bekannt aus der Zeit, als für Zigaretten noch massiv öffentlich Werbung gemacht werden konnte, war der sogenannte Marlborogh-Mann, in der Freiheit mit Zigarettenrauchen werbemäßig assoziiert wurde. Wenn Sie aktuelle Werbespots untersuchen, werden Sie sicherlich noch andere Beispiele dafür finden, dass der Begriff der „Freiheit" von seinem ursprünglichen Inhalt oft weitgehend gelöst wird und nur als eine äußere Form weiter bestehen bleibt.

Wie soll Kindern und Jugendlichen da Freiheit als höchstes Gut nahegebracht werden? Bedeutet Freiheit dann für sie zu rauchen oder eine Flatrate mit großem Speichervolumen zu kaufen? Die Menschen sind nicht oder noch nicht völlig verblödet, doch unterschätze man nicht, was solche Begriffsaushöhlungen in den Gehirnen junger Menschen bewirken können. Und man bedenke, nicht alle Jugendliche durchlaufen eine Phase der philosophischen Reflexion durch gute Schulbildung.

Als nächstes möchte ich den **Freundschaftsbegriff** betrachten. Nach Aristoteles (Nikomachische Ethik) gibt es verschiedene Formen von Freundschaft. Ein Kriterium einer wahren Form der Freundschaft ist demnach, dass man sich den anderen stark wünscht, weil man weiß, dass man nur so selbst stark sein kann. Solche Freunde zu finden ist eine der großen Lebensaufgaben und gelingt oft nur in Ansätzen. Was ist aus diesem Freundschaftsbegriff bei Facebook geworden? Dort kann man Freundschaften dadurch finden, dass man Klicks bekommt. Ich habe auch hier die größten Befürchtungen, was das in den Gehirnen

Jugendlicher bewirken kann. Der eigentliche Inhalt des Begriffes wird ausgehöhlt und stattdessen eine bestimmte digitale Aktion damit verbunden. Würde man Jugendliche befragen, was sie unter Freundschaft verstehen, dann würde es mich sehr überraschen, wenn nicht ein sehr großer Teil sagen würde, Freundschaft seien die Likes und Klicks, die man auf Facebook oder Youtube bekomme.

Ähnliches gilt für den Begriff des **„Verliebtseins"**. In einer häufig geschalteten Fernseh-Werbung wird behauptet, jede 10 Minuten verliebe sich jemand über „Paarship". Doch was soll der Satz überhaupt bedeuten: man verliebe sich auf der Plattform der Firma? Es bedeutet wohl, dass man per Klick einem anderen User signalisiert, man habe ein Interesse an ihm. Aus einem sehr starken Gefühl der persönlichen Verehrung, einer magischen Verbindung und des Begehrens wird eine digitale Aktion.

Eine Begriffsverengung hat der Begriff **„Fortschritt"** erfahren. In der öffentlichen Verwendung wird Fortschritt meist unhinterfragt als etwas Positives dargestellt. „Das ist doch ein Fortschritt". Fortschritt wird dabei mit Wachstum assoziiert, das als alternativlos positiv bewertet wird. Doch Fortschritt uns Wachstum sind philosophisch betrachtet deskriptive Tatsachen und als solche weder positiv noch negativ.
Ein Schritt auf den Abgrund ist auch ein Fortschritt.
Man muss sich also fragen, bedeutet der jeweilige Fortschritt für das Individuum oder für den Großteil der Menschen immer etwas Positives? In der Ideologie der Marktwirtschaft wird das nämlich suggeriert. Doch sieht

man sich die Sache genauer an, dann stößt man auf ein Gesetz, das nicht nur in gesellschaftlichen Systemen, sondern auch in natürlichen Systemen von Bedeutung ist. Ich nenne es das Gesetz des **quantitativen Qualitätswechsels.** Ab einem bestimmten Punkt verwandelt sich die ursprünglich positive Qualität eines Produktes oder einer Handlung von etwas Positivem zu etwas Negativem. Dazu einmal ein Beispiel aus der Natur: Die Blaualge war das beherrschende Element in den Meeren in der Zeit vor dem Proterozoikum. Diese Algen hatten ihre Photosynthese radikal verbessert und somit einen Entwicklungsvorsprung vor den anderen Mikroorganismen gewonnen, was bewirkte, dass bald die ganzen Meere von ihnen bevölkert waren. Doch ab einem bestimmten Punkt des quantitativen Wachstums kippte das System. Die Algen produzieren als Abfall nämlich Sauerstoff, der bis zu einer bestimmten Sättigung von den Wassermassen aufgenommen werden konnte. Doch nach dem quantitativen Übergang entwich immer mehr Sauerstoff in die Atmosphäre, wo er das Methan zerstörte. Dadurch wurde die Erde immer kälter, bis sie praktisch einfror und der Siegeszug der Algen damit vorerst beendet war und der Siegeszug der Säugetiere, die auf den Sauerstoff angewiesen sind, begann. Bezogen auf die Algen war der Fortschritt also etwas Negatives, für das Säugetier Menschen etwas Positives. In der heutigen Begriffsverwendung wird eine bestimmte Bedeutung des Begriffes verabsolutiert und ein wichtiger Inhaltsaspekt, dass Fortschritt eigentlich weder positiv noch negativ ist, ignoriert.

Der Begriff der **„Wahrheit"** hat eine Relativierung erfahren, die im Gegensatz zu seiner eigentlichen Bedeutung steht. Von der klassischen philosophischen Terminologie betrachtet, wurde dabei der Begriff der „sophia" mit der sogenannten „doxa" gleichgesetzt. „Sophia" ist das, was die alten Griechen als Wahrheit bezeichneten, was also eine Identität von Aussage und Realität bedeutete oder eine logisch richtige Ableitung aus Axiomen oder Vordersätzen. Entweder es regnet oder es regnet nicht und entsprechend ist dann der Satz: „Es regnet nicht", wahr oder falsch. Oder die Schlussfolgerung: „Wenn alle Lebewesen sich fortpflanzen können und der Mensch ein Lebewesen ist, dann muss er sich auch fortpflanzen können". Eine absolut wahre Aussage. „Doxa" bedeutet dagegen eine beliebige Meinung, die keinen Wahrheitsanspruch haben kann.

Nachdem die modernen Naturwissenschaften das Experiment als Methode eingeführt hatten, erweiterte sich der alte Identitätsbegriff der Wahrheit um dem Wahrheitsbegriff der Naturwissenschaften: Eine Theorie gilt demnach als wahr und richtig, wenn sie in Einklang mit den Phänomenen der Tatsachenwelt steht, also mit den Ergebnissen bestimmter Experimente. Wenn eine Theorie der Physik die Existenz eines bestimmten Teilchens voraussagt, ist sie dann richtig, wenn die Experimente dies bestätigen. Sobald Phänomene sich nicht mehr einordnen lassen, versucht man eine Theorie zu finden, die die Gesamtheit der vorliegenden Daten besser erklärt. Dies versteht man unter der Relativität der Wahrheit. Ganz ähnlich die Definition von K. Popper: Eine Theorie ist solange wahr, solange sie nicht widerlegt werden kann.

All diese Wahrheitsdefinitionen haben nichts zu tun mit der prinzipiellen Beliebigkeit der „doxa", der Meinung. In der heutigen Verwendung des Wahrheitsbegriffes außerhalb der Wissenschaften, also hauptsächlich in den Medien, wird oft verlautbart, jeder habe seine eigene Wahrheit. Oder man hört solche Sätze wie: „Die Wahrheit liege im Auge des Betrachters". Das ist ein Widerspruch in sich. Gerade viele Sozialpädagogen und Therapeuten vertreten ganz offensiv den Gedanken, Wahrheit gebe es gar nicht, sondern es käme darauf an, wie man über die jeweiligen privaten Wahrheiten kommuniziere. Deutlicher kann das Primat der Form über den Inhalt nicht sein. Doch mit dem Wahrheitsbegriff hat es nichts mehr zu tun, der wurde zu seinem Gegenteil. Wahrheit hat immer den Anspruch, die Theorie zu sein, die zur Zeit einen bestimmten Aspekt der Wirklichkeit am besten erklärt. Wahrheit führt zur Demut, die Meinung meistens zur Rechthaberei.

Wahrscheinlich sind Sie selbst in der Lage, noch viele andere Beispiele zu finden, an denen man erkennen kann, dass in der Begriffsverwendung, vor allem in der Werbung, immer mehr Inhalte verloren oder verzerrt werden.
Hier noch einige Beispiele:
„Denk: Mobile. de"
„Für dein digitales Leben!"
„Für das Beste im Mann" (Rasierer)
„Tausche dich glücklich" (Skoda/ Autowerbung)
„Gib deinem Auto Persönlichkeit"
„Auf dem Kopf laufend ins Glück"
„So günstig schmeckt die Heimat" (Werbung Lidl)

Doch was haben diese Begriffsverschiebungen mit dem Thema des Buches zu tun, mit der Transformation? Ich denke, die Beliebigkeit der Begriffsverwendung bereitet den Menschen darauf vor, sich nicht mehr an Inhalten zu orientieren, sondern nur an Formen. Worte werden von ihrer ursprünglichen Bedeutung gelöst und beliebig mit bestimmten Assoziationen verbunden. Wenn man sich hauptsächlich durch Bilder und Schlagworte mit beliebiger Begriffsverwendung leiten lässt, ist das vom Prinzip her nicht viel anders als bei den Ameisen, die nicht durch Bilder und Schlagwörter, sondern vor allem durch Pheromone gesteuert werden.

Das Primat der Form hinsichtlich von Waren

Eine kapitalistische Warengesellschaft, die genügend Waren zur Lebenssicherung und für die Abdeckung der Grundbedürfnisse produziert, kann die Produktion nur steigern, wenn die Menschen dazu gebracht werden, nicht in erster Linie auf den Inhalt, sondern mehr auf die Form zu achten. Dazu ein Beispiel: Wir nehmen einmal an, es gebe eine Nachfrage nach einem Gerät, dass jemand in einer bestimmten Zeit von A nach B bringt. Der Inhalt dieses Produktes ist dann also der mögliche Transport von A nach B. Deshalb kauft man das Produkt. Nehmen wir an, das werde in einer Qualität geliefert, die ein lebenslanges Funktionieren gewährleistet. Alle wären dann erst einmal zufrieden. Doch sobald alle Interessenten ein solches Gefährt erworben hätten, könnte die Firma dicht machen, da ja kaum noch Nachfrage existierte. Für die Umwelt und für die Käufer erst einmal gar nicht so schlecht. Nur nicht für denjenigen, der jetzt das eingesetzte Kapital nicht mehr verzinst bekommt. Eine grandiose Möglichkeit ergibt sich für den Produzenten aber dann, wenn es ihm gelingt, den Käufer vom Inhalt auf die Form zu lenken. Er wird also Autos produzieren, die eine andere Form haben und dann als eleganter, sportlicher, sicherer, oder was auch immer angeboten werden. Wenn der potenzielle Käufer dahin gebracht werden kann, sich ein neues Auto kaufen zu wollen, obwohl das alte immer noch die eigentliche Funktion erfüllt, dann kann das Geschäft wieder rollen. Und genau dies geschieht im Prinzip in allen Warenbereichen. Wenn die Autohersteller neben der äußeren Form auch die Technik verbessern, also etwa Beschleunigung, Sicherheit, Kurvenverhalten oder Geländefähigkeit, dann ändert das nichts an der Tatsache, dass es ein Gefährt bleibt, das jemanden von A nach B befördern kann. Die technischen Fortschritte können dabei meistens eh auf den Straßen Deutschlands gar nicht mehr ausgereizt werden und in diesem Sinne ist dann auch der materielle Fortschritt letztlich nur eine Idee, eine Formidee. Man fühlt sich toll in dem Auto, weil es von Null auf Hundert in 8 Sekunden beschleunigen kann, aber man kann es nirgendwo praktizieren. Doch die Vorstellung lässt einen sich gut und besser fühlen. Mir liegt hier nichts daran, Autofahrern die Freude am Auto und an der Vielfalt seiner Formen zu vermiesen, ich kann diese Freude durchaus nachvollziehen. Mir geht es um den Bedeutungsverlust der Inhalte und das Primat der Form, was dazu führt, dass der Mensch sich zu immer neuen Käufen animiert fühlt. Psychologisch betrachtet liegt darin auch eine Gefahr für das Selbst, dass man nämlich die Verschiebung der Form gegenüber dem Inhalt auf sich bezieht. Man identifiziert sich dann nicht mehr so sehr mit dem, was man ist, sondern mit der Form, mit dem Schein, den man nach außen verkörpert. Es soll Autofahrer geben, die von der Großartigkeit ihres Gefährts auf die Großartigkeit ihres Gemächts schließen. Es soll Jugendliche geben, die von der Anzahl ihrer Klicks auf ihre Besonderheit schließen. Es gibt Jugendliche, die ihre Internet-Performance mit sich selbst verwechseln.

Verpackung und Inhalt

Dies ist ein Bereich, in dem die Differenz zwischen Form und Inhalt aus dem Abstrakten ins Gegenständliche gelangt. Bei manchen Produkten ist der Verpackungsraum deutlich größer als der eigentliche Inhalt. Da gibt es Kekspackungen, in denen das Verhältnis von Verpackung und Inhalt 5 zu 1 ist. Da gibt es Joghurtbecher, die quasi einen doppelten Boden haben. Es gibt gesetzliche Vorschriften gegen solche Mogelpackungen, die aber nur die schlimmsten Auswüchse verhindern. Spricht man mit Verkäufern und Händlern dann wird man immer wieder bestätigt bekommen, dass wichtiger als der tatsächliche Inhalt die Präsentation der Ware ist. Es muss nur ansprechend, verlockend schön aussehen, dann wird es auch gekauft werden. Dabei bedienen sich die Form-Designer der Methoden der Tiefenpsychologie.
Solch dreiste Verschiebungen von Inhalt und Form werden trotzdem von den meisten Menschen einfach so hingenommen. Der aufgeklärte Verbraucher ist ein Widerspruch in sich und es ist nicht der Normal-Mensch, der in den Supermärkten einkauft.

Der Verlust der Inhalte im Verhältnis von Musik und Text

Obwohl es sich im letzten Jahrzehnt etwas gebessert hat, ist es immer noch so, dass im Radio in Deutschland die meisten Lieder englischsprachig sind. Das bedeutet auch, dass die Mehrzahl der Menschen, die diese Musik hört, gar nicht weiß, um was es in den Stücken eigentlich geht. Ich habe schon in den 70igern darauf gepocht, dass die Bands, mit denen ich zu tun hatte, die meist gecoverten Lieder in Deutsch singen sollten. Doch ich stieß dabei auf taube Ohren. Meistens bekam ich das Argument zu hören, man könne die Musik auch mit dem Bauch verstehen, was natürlich völliger Unsinn ist, wenn es sich um Lieder mit Texten handelt und nicht um reine Tanzmusik. Das ist so, als wollte man, sagen wir Goethes Faust, nur durch das Vorlesen des Textes verstehen, ohne das man die deutsche Sprache beherrscht. Wenn man den Text der Lieder nicht versteht, kann man sie auch nicht als Kunstwerke bewerten, denn dafür ist entscheidend, inwiefern es gelungen ist, die Aussage des Textes durch die Musik auszudrücken. Ich habe ein Buch über die Texte und das Werk der Rolling Stones geschrieben (bei Amazon zu erhalten.: „The Rollings Stones: Mehr als nur Musik"). Erst durch die literarische Analyse der Texte konnte ich erfassen, welch großartige Kunstwerke viele Songs der Stones sind.
Doch in den meisten englischsprachigen Popsongs, die im Radio laufen, wird auf die Texte eh wenig Wert gelegt, da sie als Fabrikware nur zur Berieselung der Massen und zum Geldverdienen produziert werden. Dann werden das Aussehen oder die Geschichten um den Sänger oft

wichtiger als das Werk.
Die Konsumenten dieser Musik werden so trainiert, sich durch Gefühlsassoziationen und innere Bilder leiten und Inhalte weitgehend außen vor zu lassen.

Der Verlust der Inhalte in der Bildung

Das Primat der Form im Bereich der Schule zeigt sich konkret in der Aufgabe eines Wissen-Kanons und in dem Primat der Methode. Diese Entwicklung hat auch eine Wurzel in der 60iger-Bewegung. Der Freiheitswunsch führte ab den 60igern dazu, dass immer mehr alternative pädagogische Konzepte (Montessori, Dalton, Anthroposophische Schulen usw.) in abgewandelter oder reiner Form im Schulwesen Fuß fassten. In diesen standen auf einmal das Spielerische, die Selbstständigkeit und die Freiheit im Mittelpunkt. Radikale pädagogische Versuche wie in den antiautoritären Kindergärten konnten sich aber nicht durchsetzen, weil die revolutionären Pädagogen nach einiger Zeit erkennen mussten, dass es ohne äußere Regeln und Sanktionen nicht ging.
In den pädagogischen Konzepten, die seit den 60igern die Schule bis heute radikal veränderten und im Sinne von Freiheit auch verbesserten, blieb der Gedanke auf der Strecke, dass Freiheit oft auch eine sehr unangenehme Selbstreflexion und schwierige und mühsame Erkenntnis der äußeren Strukturen mit Hilfe von Wissenschaft verlangt. In den Konzepten, die seit den 60igern die Schulwirklichkeit prägten, fanden sich trotz der verschiedensten Etiketten immer wieder folgende Prinzipien: Alles Lernen solle spielerisch sein und an der Lebenswirklichkeit der Kinder ansetzen. Ja, das ist sicher

richtig und das Prinzip der Selbstständigkeit und Freiheit sollte überall dort realisiert werden, wo es möglich ist. Ich habe in einem Gymnasium gearbeitet, das sich an der Dalton-Pädagogik orientierte. Die Schüler hatten die Möglichkeit, sich an bestimmten Stunden des Tages selbst auszusuchen, zu welchem Lehrer sie gingen und in diesen Stunden sollte betreute Freiarbeit stattfinden. Die Ergebnisse des selbstständigen Lernens wurden aber meiner Ansicht nach dann nur sehr unzureichend kontrolliert. Schule muss Schüler auch dahin bringen, wirkliche Anstrengung und Disziplin auszuhalten und Inhalte verpflichtend machen, auf welchen Wegen sie auch immer erworben werden. Zum Lernen gehört auch der Misserfolg, doch Lernen durch Scheitern, Mühsal und Ausdauer wurde geradezu diskreditiert. Ich weiß von einem Sport-Referendar, der deshalb im zweiten Staatsexamen durchfiel, weil er als Lernziel: Selbstüberwindung und Disziplin angegeben hatte. Wahrscheinlich würde er damit heute auch noch durchfallen. Manchmal muss man als Lernender wirklich harte Nüsse knacken, manche Lernziele verlangen konzentrierte Anstrengung, das gilt sowohl im Sport, als auch in den Geisteswissenschaften, der Logik und den Naturwissenschaften. Alle heutigen Schüler kennen das von ihren Computerspielen, jedoch nicht unbedingt von der Schule.

Ein weiteres durchgängiges Prinzip vor allem der Schulkonzepte der Grundschulen war und ist: Alles Lernen solle vom Schüler ausgehen. Doch die wirklich interessanten Fragen zum Welt- und Selbstverständnis ergeben sich oft nicht aus der kindlichen Neugier, die meistens mit ganz anderen Themen beschäftigt ist als dem

Schulstoff. Um Fragen zu initiieren, bedarf es des Wissens. Um solches Grundwissen in den Köpfen von Schülern lebendig zu machen, bedarf es Lehrerpersönlichkeiten mit einem weiten Erfahrungshorizont. Doch davon gibt es nach meiner 20 jährigen Erfahrung in deutschen Gymnasien immer weniger. Die neuen Lehrer sind oft sehr Job orientiert und versuchen sich den neuen Konzepten anzupassen und ihre Persönlichkeit hinten an zustellen. Und dies entspricht dem gängigen Prinzip moderner Schul-Pädagogik: Der Lehrer solle möglichst im Hintergrund bleiben und als Lernbegleiter dem Schüler Hilfe auf Nachfrage anbieten. Doch nochmals: Echte Schülerfragen und wirkliches Interesse kann erst auf der Grundlage von Wissen und Vorverständnis entstehen. Kein Schüler fragt von sich aus, weshalb Kaiser Karl so ein bedeutender Kaiser für Europa war, selbst wenn er in Aachen wohnt. Natürlich kann der Lehrer dann als Kaiser Karl verkleidet in den Unterricht kommen. Das wird dann sicherlich Fragen bei den Schülern produzieren, doch es fragt sich welche. Genau so etwas würde aber von den Referendariatsleitern wahrscheinlich als ein didaktisch guter Ansatz gewertet werden. Die neue Rolle des Lehrers als Initiator von Lernprozessen und dann als Begleiter des selbstständigen Lernens der Schüler geht einher mit einem radikalen Autoritätsverlust. Der Lehrer ist nicht mehr der Allwissende und der Kenner der Geheimnisse der Welt, der er in den naiven Augen vieler Kinder früher oft war. Er ist in der neuen Rolle so etwas wie ein Angestellter der Schüler und Eltern geworden. Und so werden Lehrer in vielen Schulen auch behandelt. Autorität haben Lehrer heute nicht mehr kraft ihres Amtes, sondern allenfalls, wenn sie sich als kompetenter Freund des

Lernenden und seiner Eltern präsentieren können. Dies hat auch einen Einfluss auf die Notengebung. Die Lehrer scheuen sich in dieser Rolle, schlechte Noten zu geben. Dies liegt auch daran, dass die Lehrer wissen, wie oft und leicht Noten heute angefochten werden können. Die wahre Notenkompetenz wurde vom Lehrer auf die Juristen verlagert. Und der Lehrer weiß natürlich, dass die Schule gerne mit einem guten Notendurchschnitt für sich wirbt, um im Ranking dann besser dazustehen. Mit schlechten Noten, egal wie berechtigt sie auch immer sind, macht man sich bei einem Direktor schnell sehr unbeliebt. Je mehr dem Lehrer dadurch Autorität genommen wird, desto mehr häufen sich verbale und sogar körperliche Übergriffe auf Lehrer. Nur ein Bruchteil davon wird in der Öffentlichkeit bekannt. Die Lehrer befürchten nämlich oft zu Recht, dass sie im Kollegium und bei der Schulleitung dann als unfähig gelten. Ich gehe davon aus, dass mittlerweile immer mehr Lehrer mit Angst in die Schule gehen.

Entsetzt war ich, als ich Oberstufenschüler zu dem Film „Fuck you Goethe" fragte, ob sie diese Darstellung nicht auch als völlig überzogen empfänden. Die Antwort war einhellig: Nein, das sei die herrschende Realität, vor allem in den Gesamtschulen. Hätte man die Schüler gefragt, wer denn dieser „Goethe" sei, hätten die meisten wohl auf einen Dichter getippt, aber Fragen nach dem Zeitalter, in dem er gelebt hat oder nach seinen Werken, hätten wahrscheinlich die skurrilsten Antworten gebracht.

Insgesamt ist der Wissensstand und der Grad von wirklichem Können trotz der Inflation guter Noten meiner Erfahrung nach auf einem erschreckend niedrigen Stand. Meiner Ansicht nach gibt es drei Ursachen für den schlechten Wissensstand der Schüler. Einmal wurde und wird in den letzten Jahrzehnten, wie schon gesagt, statt des konkreten Fachwissens das Methoden-oder Kompetenz-Lernen in den Vordergrund gestellt. Beiden Konzepten ist gemeinsam, dass die Inhalte, durch die die Methode gelernt oder die Kompetenz erworben werden soll, keine besondere Rolle mehr spielt. Natürlich ist es es egal, ob ich am Beispiel des Wetters oder am Auftreten von Heuschreckenschwärmen gelernt habe, die Wahrscheinlichkeit eines Auftretens bestimmter Ereignisse einzuschätzen. Doch das heißt nicht, dass dadurch wirkliches Wissen über Wetterphänomene oder Heuschrecken unwichtig ist. Sehen wir uns dazu einmal ein aktuelles Beispiel an. In den ersten Wochen des neuen Jahres 2020 ist in China eine Epidemie mit Corona-Viren ausgebrochen. In Deutschland sind bis heute (7.2.2020) insgesamt 14 Personen als infiziert erfasst. Die Wahrscheinlichkeit, dass ich als Individuum von diesem Virus befallen werde, erscheint demnach als verschwindend gering. Doch eine Aussage der in Deutschland an der Seuchenbekämpfung arbeitenden Spezialisten lässt die Sache wieder ganz anders erscheinen. Es wurde nämlich in einer Pressemitteilung gesagt, dass sich 4 Personen an dem Erst- Infizierten nur dadurch angesteckt hätten, weil sie mit dieser für kurze Zeit in einem Raum gewesen seien. Die Bedeutung dieses Satzes lässt sich nur abschätzen, wenn man etwas über die verschiedenen Wege weiß, wie Viren sich ausbreiten können. Wenn sich das Coronavirus nämlich über die Luft verbreiten kann, was die ersten Fälle nahelegen, ergibt sich eine viel größere Wahrscheinlichkeit der Verbreitung, als wenn die Ansteckung nur durch Körperkontakt erfolgen kann. An diesem kleinen, aktuellen Beispiel kann man erkennen, dass Fachwissen über Viren unerlässlich ist, auch um die eigene Bedrohung einschätzen zu können und zu weiteren Fragen zu kommen. Man könnte auch noch einmal das Goethezitat anführen: „Man sieht nur das, was man schon kennt."

Doch nicht nur durch das Primat von Methodenlernen und Kompetenzerwerb bleibt in der Schule das Wissen immer mehr auf der Strecke. Die Schüler lernen keine Geschichtszahlen mehr, sie kennen keine Hauptstädte oder Flüsse, sie lernen keine Formeln mehr auswendig und ein Vokabelschatz in den Fremdsprachen ist meist nur rudimentär vorhanden. Das Alles wird oft von Lehrern so begründet: Fachwissen sei nicht mehr so wichtig, weil es eh so umfangreich geworden sei, dass es ein Mensch nicht mehr speichern könne und man könne sich ja im Internet sehr schnell Fachwissen aneignen. Konkret führt das dazu, dass in Klausuren zum Beispiel Lexika und Formelsammlungen benutzt werden dürfen. Für uns 60iger, die noch dem alten Schulsystem ausgesetzt waren, eine traumhafte Vorstellung. Das Ergebnis dieser Pädagogik ist ein bedenklicher Mangel an Fachwissen, was für die weitere persönliche und berufliche Entwicklung ein gravierender Nachteil ist. Deutlich zeigen sich die negativen Folgen auch in der Kompetenz, sich in einer Fremdsprache wirklich verständigen zu können. Im Rahmen von Sportveranstaltungen war ich sehr oft mit Jugendlichen im Ausland unterwegs, die zum Teil sechs Jahre Englisch oder Französisch in der Schule als Fach hatten, aber noch nicht einmal zur primitivsten Kommunikation mit Einheimischen in der Lage waren.

Der zweite Grund für das geringe Fachwissen ist, dass in

der Schule zu wenig Wert auf die Nachhaltigkeit der Kenntnisse eines Themenbereiches gelegt wird. Bis zur Klausur haben die Schüler zu einem bestimmtem Thema meist ein ganz ordentliches Fachwissen und Können. Doch nach der Klausur gab und gibt es das offizielle Recht, das Gelernte wieder zu vergessen. In meiner aktiven Zeit als Gymnasiallehrer wurde ich immer wieder ermahnt, ich dürfe nur Inhalte abfragen, die nicht länger als 6 Wochen zurück lägen. Es gibt also tatsächlich ein Recht auf schnelles Vergessen im deutschen Schulsystem.
Der dritte Grund für den Verlust an Qualität des Schulwesen liegt meiner Meinung nach darin begründet, dass Lehrer heute mehr mit Integrationsaufgaben und dem Herstellen einer Lernatmosphäre beschäftigt sind, als mit dem Unterrichten. Dies kann nicht verwundern, wenn man weiß, dass in den meisten Klassen der Grundschulen und der Sekundarstufen der Anteil der Kinder mit Migrationshintergrund in den Städten oft über 40% liegt. Man kann nur Respekt haben vor der Leistung dieser Kinder, die oft aus bildungsfernen Schichten kommen. Doch es wird dazu führen, dass die Schule nicht mehr das in dem nötigen Maße leisten kann, wofür Deutschland berühmt war: Eine große Anzahl, hochqualifizierter und motivierter Techniker, Ingenieure und Wissenschaftler hervorzubringen. Das wird auf die Dauer den Wohlstand des Landes gefährden, der gerade auf einem Vorsprung in Technik und Wissenschaft beruht.
Zusammenfassend lässt sich sagen, dass die enorme Zunahme der Abiturienten von 3% auf 40% eines Jahrgangs und die geradezu absurde Verbesserung des Notendurchschnitts nur in einem geringen Maße mit dem Können und in keiner Weise mit dem Wissensstand

korreliert. Die Schulbildung kann als ein Form- und Methodenlernen gesehen werden, bei dem Inhalte systematisch in den Hintergrund gerückt werden. Dies kann in diesem Sinne als eine Vorbereitung auf eine Welt gesehen werden, in der das Primat der Form mit all seinen negativen Konsequenzen in fast allen Bereichen gilt.

Der Verlust der Inhalte am Beispiel des Fußballspiels

Die gesellschaftliche Bedeutung, die früher der sonntägliche Gottesdienst für die Gemeinschaft hatte, wird heute für sehr viele Menschen in Deutschland vor allem von der Bundesliga und anderen Sportevents übernommen. Deshalb war es in den Medien zu Beginn der Coronakrise ein zentrales Thema, ob die Bundesligaspiele abgesagt werden sollten oder nicht. Fußball ist als Event und Freizeitbeschäftigung anscheinend zu einem systemrelevanten Faktor geworden ist. Aus diesem Grund nehme ich diesen nur auf den ersten Blick untergeordneten Bereich in die Untersuchung hinsichtlich des Verhältnisses von Form und Inhalt auf und werde zeigen, dass wir auch in diesem Bereich eine Verlagerung der Gewichte weg vom Inhalt hin zur Form beobachten können. Doch, was ist der Inhalt des Fußballspiels? Fragt man jemanden, der zu dem Spiel keinen inneren Bezug hat, dann hört man oft: Fußball bedeutet, dass 22 Menschen hinter einem Ball her rennen, mit der ausgesprochenen oder auch nicht ausgesprochenen Frage verbunden, wieso man nicht jedem Spieler einen eigenen Ball gebe. Wenn es nur so einfach wäre. Der Inhalt des Fußballspiels ist es, Tore zu verhindern und Tore zu schießen. Doch Fußball ist tiefenpsychologisch noch etwas Anderes, es ist eine archaische Leidenschaft, die einen als Spieler und Zuschauer dahin bringen kann, mit der Situation vollständig zu verschmelzen. Ich vermute, dass das zu Grunde liegende archaische Muster die Hetzjagd ist. Und in der Tat, wenn ich an meine Jugendtage und meinen alten Heimatverein Alemannia Aachen denke und an die unvergesslichen Stunden faszinierender Spiele, dann kann ich das alte Gefühl der Verschmelzung mit der Situation, mit den Spielern und mit all den anderen Anhängern noch immer nachempfinden. Es gibt sie immer noch die wahren Liebhaber des Spiels bei den Spielern und bei den Zuschauern. Doch wenn ich heute in ein Fußballstadion gehe, sind viele bedenkliche Entwicklungen zu sehen, die sich aber in den 60igern mit der beginnenden Kommerzialisierung schon andeuteten.

Vor Fußballspielen in den Profiligen werden die Zuschauer heute mit der Vereinshymne beschallt. Die Zuschauer aus den Vip-Logen sind dann meistens noch gar nicht auf ihren Plätzen. Die Vereinshymne soll ein Zusammengehörigkeitsgefühl stimulieren, die Masse in Stimmung bringen. Doch betrachtet man es vom Inhalt-Form-Problem her, so zeigt sich eine merkwürdige Verkehrung. Es ist so, wenn man das Bild der Hetzjagd noch einmal bemüht, als würde man, bevor das Wild erlegt ist, den Erfolg feiern. Vielleicht gab es in der Zeit von „Herrn Steinzeit" auch ein Beschwörungsritual vor der Jagd, um die Seele des Wildes bereit zu machen. Doch die meisten Vereinshymnen haben in meine Ohren eher die Struktur von Siegesliedern. Und so empfinden es wohl viele Menschen eher als einen eigenen Teil des Events, das mit dem eigentlichen Inhalt, dem Fußballspiel, nichts oder sehr wenig zu tun hat. Während des Spiels selbst sind viele der Zuschauer merkwürdig abgelenkt, sie reden mit ihren Nachbarn, erzählen sich Geschichten, Mütter versorgen ihre Kinder mit Eis und die Vips ziehen sich immer wieder in die Innenräume zurück, wo das Spiel auch auf Bildschirmen übertragen wird. Das hat mit der alten Leidenschaft des Verschmelzens, die ich aus meiner Jugend her kenne, nichts mehr zu tun. Diese wahre Form von Zusammengehörigkeit ergab sich früher auch dadurch, dass die Spieler selbst zum großen Teil oder vollständig aus der Stadt oder dem Kreis kamen. Heute laufen auf dem Rasen Sportsöldner herum, die zwar alle die Zeichen der Verbundenheit mit dem Verein beherrschen, aber ohne Problem eine Woche später bei einem anderen Verein spielen und dort dieselben Verbundenheitssymbole wie das mit den Fingern gebildete Herz zeigen. Und das Spiel selbst entfernt sich immer mehr von dem archaischen Muster der Hetzjagd. Wie der in Deutschland oft geschmähte Weltmeister Berti Vogts einmal sagte, man präsentiere den Zuschauern heute Beamtenfußball. Statt Leidenschaft taktisches Hin- und Her-Geschiebe des Balls, das mit dem Fußball meiner Jugendzeit oft nur noch die Grundform gemeinsam hat. Ich muss gestehen, dass das in der letzten Saison (2018/19) etwas besser geworden ist. Wahrscheinlich haben die Bezahlsender Druck gemacht, da ihr Produkt immer unattraktiver geworden war. Jetzt laufen die Spieler wenigstens wieder und man sieht schon nach 15 Minuten verschwitzte Sportler. Ich kann mich gut an die Zeit vor einigen Jahren erinnern, als die Spieler direkt nach dem Spiel adrett und unverschwitzt vor den Kameras erschienen, um Interviews zu geben.

Das Primat der Form im Fußball hat auch zu tun mit dem größeren Einfluss, die die Trainer heutzutage auf das Spiel haben. Sie sehen sich als verantwortlich für die Form des Spiels ihrer Mannschaft, was als ihre Spielidee bezeichnet wird. Bei Erfolgstrainern stimmt diese Spielidee mit dem Inhalt des Spiels einigermaßen überein, denn sonst würden ihre Mannschaften nicht mehr Tore schießen und mehr Tore verhindern als ihre Gegner. Doch oft hat man in der 1. Bundesliga den Eindruck, dass die Form verabsolutiert wird und dann nicht mehr mit dem Inhalt des Spiels übereinstimmt. Ein schönes Beispiel war der deutsche Classico: Bayern gegen Dortmund, am 26.5.2020. Nachdem Bayern das 1:0 geschossen hatte, spielte Dortmund auch in der zweiten Halbzeit das schnelle Kurzpassspiel aus der eigenen Abwehr heraus. Bayern sorgte dafür, dass sie das nur bis 40 Meter vor ihrem Tor ungestört machen konnten. So spielten die Dortmunder im entscheidenden Spiel um die Meisterschaft den Ball im Mittelfeld schnell und schön von einem zum anderen. Insgesamt gelangte der Ball dabei allerdings nur drei Mal gefährlich in den generischen Strafraum, in den Raum, aus dem Tore meist erzielt werden. Die Form hatte über den Inhalt besiegt und gelangweilt rieben sich die Fernsehzuschauer die Augen und konnten nicht glauben, dass man anscheinend gar nicht versuchte, in dem Spiel, in dem es um die Meisterschaft ging, ein Tor zu erzielen.

Spielmacher früherer Mannschaften waren in der Lage ein „Spiel zu lesen" und dann bei Bedarf die Form zu ändern, um die Mannschaft auf die Siegerstraße zu bringen. Doch Spielmacher gibt es kaum noch, da auch die Freiheit des Fußballspielers immer mehr eingeengt wurde. Sie sind zu

Erfüllungsgehilfen der Pläne des Trainers geworden.
Jüngere Sportfans sind an die Falschheit schon so gewöhnt, dass sie kein Problem damit haben, genau wie Spieler, von einer Woche zur nächsten ihren Lieblingsverein zu wechseln. Dabei spielt der Erfolg der Mannschaften eine Rolle, aber vor allem der Medienhype, der um einzelne Spieler der Mannschaften gemacht wird. Sie lieben dann einen bestimmten Verein, weil sie deren Starspieler cool finden. Ein medialer Formaspekt wird dann wichtiger als das Spiel der Mannschaft.
Es ist so, als sei das Spiel entkernt worden, als sei sein Inhalt verloren gegangen. Besonders auffällig auch, dass sehr viele Menschen während des Spiels vor den Fritten- und Bierbuden in den Katakomben der Stadien stehen, wo man das Spiel gar nicht mehr sehen kann. Sehr bezeichnend dafür eine kleine Geschichte. Ich besuchte mit meiner Jugendmannschaft ein öffentliches Training der deutschen Nationalmannschaft. Drei meiner Spieler tauchten während des ganzen Trainings überhaupt nicht auf. Sie hatten solange vor einer Frittenbude warten müssen. Als sie dann mit den Pommes endlich erschienen, war das Training zu Ende. Auch diejenigen meiner Spieler, die auf ihren Plätzen waren, langweilten sich augenscheinlich sehr. Erst als die Nationalspieler Autogramme schrieben, kam wieder Bewegung in die jungen Menschen. Der Fußball selbst war für sie offensichtlich das, was am wenigsten wichtig war. Alles junge Spieler, die davon träumen auch einmal Nationalspieler zu werden! Doch wollen sie das wegen des Fußballs selbst oder weil man dann vor Fernsehkameras sprechen und Autogramme geben kann? Wirklichen Fußballfans dreht sich bei solchen Entwicklungen der

Magen herum. Die Verkehrung von Inhalt und Form ist kein ausschließlich semantisches Sprachproblem, sondern ein sehr bedenkliches Real-Phänomen auf allen Ebenen des gesellschaftlichen Lebens.

Die zunehmende Differenz von Bedienen und Verstehen

„Herr Steinzeit" konnte die Werkzeuge, die er zur Verfügung hatte, nicht nur bedienen, sondern er verstand sie auch. Er verstand, wieso der Faustkeil funktionierte und er verstand das Prinzip des Bogenschießens. Dieses Verständnis bezog sich allerdings nicht auf die naturwissenschaftlichen Hintergründe, sondern auf das konkrete Tun. Bedienen und Verstehen spielten sich praktisch auf der gleichen Ebene ab. Dies änderte sich spätestens mit dem Kompass und der mechanischen Uhr. Im 19. Jahrhundert trat die technische Entwicklung dann in eine beschleunigte Entwicklung ein, die bis heute anhält. Einen Telegraphen verstand derjenige, der ihn bediente, wahrscheinlich noch ganz gut. Doch schon das Telephon entzog sich dem Verständnis der Menschen, die es nutzten, fast vollständig. Für den nicht naturwissenschaftlich ausgebildeten Menschen war das einfach nicht mehr zu verstehen, dass man mit jemanden sprechen konnte, der gar nicht in der Nähe, ja, manchmal sogar auf einem anderen Kontinent war. Das Bedienen des Telefons war einfacher, als einen Pfeil mit einem Bogen zielgenau zu schießen, doch das Verstehen war kaum noch möglich. Heute sind wir von sehr vielen Geräten umgeben, die wir ohne Probleme bedienen können, aber das, was in den Geräten passiert, meist noch nicht einmal im Ansatz verstehen. Erklären Sie doch ihren Kindern einmal, wie ein Radio oder ein Fernseher, oder ein Computer, oder ein Smart-Phone oder das Internet funktioniert. Es wird wahrscheinlich nicht nur bei mir bei einigen Worthülsen bleiben, die eigentlich gar nichts erklären. Dadurch, dass ich die Geräte nicht mehr wirklich verstehe, verliere ich an wichtiger Kompetenz. Stellen Sie sich doch einmal vor, nach einer Katastrophe wären Sie mit einer Handvoll Menschen, die keine Wissenschaftler sind, übrig geblieben. Welche von den Geräten, die Sie tagtäglich benutzt haben, könnten Sie nachbauen? Welche könnten Sie so beschreiben, dass ein Wissenschaftler einer späteren Generation damit etwas anfangen könnte? „Herr Steinzeit" hätte keinerlei Problem nach einer Katastrophe seine Werkzeuge wieder herzustellen, weil er sie verstanden hatte. Doch wir? Dieses Buch beschäftigt sich aber nicht mit Katastrophenbewältigung, sondern hier steht die Frage im Vordergrund: Was bewirkt diese Diskrepanz zwischen Bedienen und Verstehen in der Psyche des Menschen? Ich gehe davon aus, dass dieses Nichtverstehen, das wir uns bei so vielen der uns umgebenden Geräte eingestehen müssen, den Menschen auch daran gewöhnt, nicht selbstbestimmt ein Geschehen wirklich zu steuern, sondern es geschehen zu lassen. Das ist eine sehr wichtige Voraussetzung für die Transformation des Menschen in ein Wesen, das funktioniert, aber nicht mehr weiß, was da wieso und warum passiert und sich die Frage danach gar nicht mehr stellt. Die Inhalte der Prozesse in solchen Geräten geht dem Verständnis verloren, es bleibt nur die Form der Bedienung.

Der Verlust der Inhalte am Beispiel der deutschen gesetzlichen Feiertage

Vielleicht kann man von den Feiertagen eines Volkes oder eines Staates gut auf seine Kultur schließen, jedenfalls machen das Ethnologen sehr oft. Im Falle Deutschlands im Jahre 2020 führt das zur Erkenntnis der Unkultur. Wenn es sich nur um religiöse Feiertage handeln würde, die eine Religionsgemeinschaft in dieser Form praktiziert, könnte man darüber schmunzeln oder sie auch einfach gut finden. Doch es handelt sich bei diesen Feiertagen um gesetzliche Feiertage und dadurch bekommen sie einen ganz anderen Stellenwert. Sehen Sie sich einmal die gesetzlichen Feiertage an, die im Großteil der deutschen Bundesländer gelten.

Neujahr: Nun, was ist der Inhalt von Neujahr? Der reale Inhalt ist für viele Menschen ein größerer oder kleinerer „Kater". Der eigentliche Feiertag ist Silvester, doch was ist dessen Inhalt? Feiert da wirklich jemand, dass das Jahr endlich vorbei ist? Vielleicht einige, die in diesem Jahr besonders viel Pech hatten, aber die anderen? Oder wer feiert wirklich in Vorfreude auf das nächste Jahr? Für mich ist Silvester nichts anderes als Kriegslärm. Man feiert in einer bestimmten Form, hier mit Knallerei, ohne jeden inhaltlichen Bezug. Oder glaubt wirklich jemand, man könne dadurch böse Geister vertreiben, was zum Beispiel bei den „alten Chinesen" der Inhalt des Feuerwerks war.

Heilige Drei Könige: Gibt es wirklich Menschen in Deutschland, die ein so absurdes Märchen mit Inhalt füllen können, so dass sie das feiern?

Karfreitag: An diesem Tag wurde Jesus gekreuzigt. Aber er war nicht der Einzige an diesem Tag. Ein Feiertag, der an die von autoritären Regimen unschuldig ermordeten Menschen erinnert, das wäre ein guter Inhalt, oder? Leider ist der Mord aus politischen Gründen keine Besonderheit und jeder dieser Morde ist das gleiche Verbrechen, wie das an Jesus. Ich bin mir sicher, dass ich mit dieser Wertung Jesus auf meiner Seite hätte.

Ostersonntag: Wer feiert in Deutschland wirklich, dass Jesus an diesem Tag von den Toten auferstanden ist? Wer glaubt daran? Und das mit dem Suchen von Ostereiern?

Tag der Arbeit: Der Tag der Arbeit wird von den meisten so gefeiert, indem sie nicht arbeiten. Eine Wertschätzung von Arbeit im Sinne von Marx, als Selbstverwirklichung im Tun, kann ich auch bei den Veranstaltungen von SPD, Linken und Gewerkschaften nicht wirklich erkennen.

Christi Himmelfahrt: Ich kann mir noch nicht einmal vorstellen, wie solch ein Feiertag mit Inhalt gefüllt werden könnte. Vielleicht mit einer Raumfahrtaktion?

Pfingstsonntag: Die Rückkehr des Heiligen Geistes!

Fronleichnam: Mein absoluter Lieblingsfeiertag. An diesem Tag soll irgendwo in Kleinasien eine Hostie geblutet haben und damit bewiesen worden sein, dass bei der Heiligen Kommunion wirklich der Leib Christi verspeist wird. Kann ein aufgeklärtes Volk wirklich tiefer sinken, als so einen Tag als gesetzlichen Feiertag auszurufen?

Tag der deutschen Einheit: Eigentlich ein Tag, wo der Inhalt klar ist und vielleicht tatsächlich ein Grund zur Feier sein kann. Doch irgendwie ist dieser Tag auch ein Tag der verpassten Möglichkeiten. Wie wäre es denn um uns bestellt, wenn wir aus der Nato ausgetreten wären und die US-Army, wie es die russischen Streitkräfte gemacht haben, auch aus deutschem Lande verschwunden wären? Da wäre dann wirklich etwas zu feiern gewesen, vor allem wenn man bedenkt, dass es nur einige Jahre dauerte, bis der anscheinend überwundene Ost-West-Konflikt wieder auferstand. Und wie feiert der Deutsche den Tag der Deutschen Einheit? In der Regel, indem er sich irgendwelchen, mit der Sache nichts zu tun habenden Vergnügungen hingibt.

Reformationstag: Ein Tag, an dem Inhalt und Form zumindest eine Chance haben, vereint zu werden. Doch wer weiß denn noch, was Luther für Deutschland bewirkt hat?

Allerheiligen: Als 60iger-Mensch gibt es für mich auch einige Heilige, zum Beispiel John Lennon oder Gandhi. Doch an die wird an dem Tag nicht offiziell gedacht! Warum eigentlich nicht?
Buß- und Bettag: An dem Tag besuchen einige die Gräber ihrer Vorfahren vor dem Kaffeetrinken und dem Ausflug oder besuchen Familienmitglieder im Altersheim. Vielleicht könnte man den Tag zu einem Gedenktag für die vielen vergessenen Alten machen.

Erster Weihnachtstag: Dort soll die Geburt Jesu gefeiert werden. In Wirklichkeit hat man mit diesem Feiertag einen uralten Feiertag aller Naturvölker okkupiert: Den Tag der Winter-Sonnenwende, von dem an die Tage länger werden. Würde man dies feiern, passten der beleuchtete Weihnachtsbaum und der Inhalt des Festes sehr gut zusammen, doch was hat der Weihnachtsbaum mit der Geburt Christi zu tun? Nichts! Hier haben wir es wieder mit einem radikalen Auseinanderdriften von Form und Inhalt zu tun. Und die konkrete Form des Weihnachtsfestes, als Tag der Geschenke, hat mit der Geburt Jesus ebenfalls wenig zu tun.

Der Verlust der Inhalte in der Politik

Die Parteien beschäftigen heute Beraterfirmen und PR-Spezialisten, die versuchen die Politiker wie Waren für den Wähler attraktiv zu machen. Dabei sind solche Attribute wie vertrauensvolles Aussehen, wohlklingende Stimme, entschlossener Gang oder väterliches Image, um nur einige Assoziationen an tiefenpsychologische Reaktionsmuster zu nennen, ebenso wichtig wie eine bestimmte Rhetorik mittels Sprachfloskeln. Die Inhalte, die ein solcher Politiker zu vertreten vorgibt oder wirklich vertritt, spielen für das Wahlergebnis oft eine untergeordnete Rolle. Wenn ein Politiker direkt oder über seine Partei gewählt wurde, spielt das, was in den Wahlkämpfen versprochen wurde, später ebenfalls meist keine besondere Rolle mehr. Dann verweist man oft auf die angeblich unvorhersehbare Macht der Fakten. Doch viel Zeit etwas politisch zu gestalten, was ihr Auftrag wäre, bleibt so oder so nicht, weil oft schon im nächsten Jahr Landtags- oder Kommunalwahlen anstehen.

Die einfachste Definition von Demokratie besagt: Eine Demokratie ist eine Regierungsform, in der der Wille des Volkes herrscht. Dass dies in unserer Demokratie nicht geschieht, ist offensichtlich. Was hätte das Volk zur Abschaffung der DM, was zur totalen EU-Erweiterung, was zu Kriegseinsätzen der Bundeswehr außerhalb ihres Territoriums, was zur Rettung der Banken mit Steuergeldern in der Finanzkrise 2008, was zur Rettung der Staatsfinanzen Griechenlands, vor allem durch deutsches Geld, was zur unkontrollierten Migration 2015, was zur Ausgangssperre 2020 gesagt? Ich weiß es nicht. Aber es muss doch die Frage erlaubt sein, weshalb in einer Demokratie das Volk nicht direkt zu solch wichtigen Entscheidungen befragt wird. Technisch möglich ist das in der heutigen digitalen Welt allemal und wird in der Schweiz auch entsprechend praktiziert. Auch in Deutschland kann man sich eine sogenannte „Democracy-App" herunterladen, in der man gefragt wird, ob man bestimmte Gesetzesvorhaben für sinnvoll hält oder nicht. Doch diese App wurde nicht von Politikern installiert, um sich über die Meinung des Volkes ein wenig zu informieren, sondern von freien Journalisten.
Parlamentssitzungen des Deutschen Bundestages vermitteln oft nicht den Eindruck, als sei das Parlament der Ort, wo die im Volk vorhandenen Meinungen gegeneinander abgewogen werden. Dies zeigt sich dann meist auch im Verhalten der Abgeordneten, die den Reden oft gar nicht mehr zuhören, sondern meist mit ihren Handys oder Tabletts beschäftigt sind. (Aus päda-

gogischen Gründen ist das ebenfalls sehr bedenklich, wenn man bedenkt, welche Redekultur damit jungen Menschen vorgeführt wird.)

Oft kommen die Gesetzesvorschläge gar nicht mehr aus dem Parlament, wie es eigentlich sein sollte, sondern von der Exekutive. Die Aufgabe der Fraktionen der Regierungsparteien ist es dann, die Gesetzesvorschläge abzunicken.

Der Verlust der Inhalte im Journalismus

Der Verlust der Inhalte im Journalismus geht einher mit der Orientierung an der Einschaltquote oder der Lesequote. Sendungen müssen im Prinzip vor allem unterhaltsam, bekömmlich, interessant, aber nicht zu kritisch sein. Es gibt ihn immer noch, den investigativen Journalismus, der sich der Wahrheit und nicht der angenehmen Präsentation verpflichtet fühlt, aber er ist zu einer Ausnahme geworden und der Grad der möglichen Abweichung vom Mainstream ist hart markiert. Letzte Bastionen des kritischen Journalismus sind Sendungen wie „Frontal 21" oder das letzte, wirklich kritische Kabarett: „Die Anstalt", oder einige Sendungen auf „ZDF Info", auf Arte oder 3sat und der von ARD und ZDF betriebene Nachrichten- und Live-Kanal „Phönix". In diesen Sendungen tauchen wenigstens hin und wieder Berichte über eigene Recherchen auf. Ist es nicht die eigentliche Aufgabe der Presse, und das heißt der Inhalt des Journalismus, eine Plattform der Aufklärung zu sein für das, was in der Gemeinde oder im Staat so passiert? Doch dies geschieht immer weniger, da man als Journalist damit keine Pluspunkte sammeln kann. Im sogenannten „Fleischskandal" im Juli des Jahres 2020, bei dem ganze Belegschaftseinheiten der Firma Tönnies von Corona befallen wurden, weil sie in unmenschlichen Unterkünften zusammengepfercht waren und bis zu 16 Stunden am Tag arbeiten mussten, warf man den Politikern vor, nicht vorher genau hingeschaut zu haben. Doch hätte man das nicht vor allem den Journalisten vorwerfen müssen?

Erfreulich dagegen, dass es mittlerweile Sender gibt, die ungekürzt Bundestagsdebatten oder Pressekonferenzen übertragen. Dann kann man das hören, was unsere Politiker oder Experten wirklich sagen. Wie wichtig das ist, kann man gut an der Differenz erkennen, die oft zwischen den Originalreden und den für „ARD Tagesschau" oder „ZDF Heute" erstellten, kommentierten Zusammenfassungen besteht.

Mittlerweile gibt es verschiedene Plattformen auf Youtube und anderswo, wo auch alternative Meinungen geäußert werden. Die bekannteste ist sicherlich KenFM von Ken Jesben. Dort fällt bei Debatten eine andere Art von Ehrlichkeit auf. Man hat das Gefühl, die Redner dort meinten das, was sie sagen, während man bei Talkrunden im öffentlichen Fernsehen oft den Eindruck hat, die Redner sagen dort das, was sie sagen sollen oder das, was man so sagt als Parteipolitiker. Die Antworten sind oft vorhersagbar und finden deshalb zu Recht immer weniger Aufmerksamkeit. Bei den Wissenschaftlern und den Publizisten in den alternativen Medien handelt es sich auffällig oft um pensionierte Menschen oder um Autoren, die vom Verkauf ihrer Bücher leben können. Sie berichten davon, dass sie nach bestimmten Äußerungen von den öffentlich-rechtlichen Medien nicht mehr eingeladen wurden und große Verlage ihre Bücher nicht mehr verlegen. Langfristig kann man nur hoffen, dass solche Möglichkeiten im Internet auch Andersdenkende zu Wort kommen zu lassen, noch lange bestehen werden. Schon jetzt gibt es erste Anzeichen von Zensur, indem bestimmte Videos gelöscht werden oder die Email-Accounts unliebsamer Leute ohne Ankündigung aus dem Netz genommen werden.

Schauen wir uns die **Form** des politisch-gesellschaftlichen Journalismus an. Selbst die traurigsten und problematischsten Themenbereiche, in denen zum Beispiel vom Leid und Sterben unschuldiger Menschen berichtet wird, werden immer noch oft als eine Art Unterhaltung angeboten. Ganz unerträglich, dass auch politische Dokumentationen oder Nachrichten mit Musik unterlegt werden. Auch daran haben wir uns meist schon so gewöhnt, dass der reine Manipulationscharakter, den die Musik in solcher Verwendung hat, oft gar nicht mehr bemerkt wird. Es wird alles mit dem Primat der Bekömmlichkeit serviert, auch wenn gelegentlich Betroffenheit zu sehen ist. Nachfolgende Sendungen werden dann wie in diesem Beispiel angekündigt: „Viel Vergnügen bei der Doku: „Tödliche Keime". Dadurch bekommt auch das Wichtige eine gewisse Beliebigkeit und Belanglosigkeit, die auch die bedeutendsten oder grausamsten Geschehnisse in der Welt nur zu einem Intermezzo in der Welt der Ablenkung und Unterhaltung machen.

Dazu passt gut eine Meldung, die in den Internetportalen der Zeitungen am heutigen 11.5.20 zu finden ist. Dort heißt es: „Der ehemalige Chef der Linken, Gysi, hat noch immer einen hohen Unterhaltungswert." Deutlicher kann man nicht ausdrücken, dass Politik hier als eine Form von Unterhaltung gesehen wird. Eine ähnliche Verschiebung von Form und Inhalt findet man sehr oft in Talkshows oder Kommentaren, in denen es um eine bestimmte Problematik geht. Dabei stehen dann aber oft nicht die Inhalte im Vordergrund , sondern Fragen wie, weshalb der Politiker das zu dieser Zeit gesagt hat oder was das für seine Stellung in der Partei bedeutet.

Oft wird von der Macht der Bilder im modernen Journalismus gesprochen. Man geht also davon aus, dass Menschen sich viel mehr durch Bilder als durch Argumente und Tatsachen leiten lassen, das heißt doch nichts anderes, als dass sie nicht durch Inhalte, sondern durch Formen gelenkt werden sollen. Wie ich in den vorangegangenen Kapiteln dargestellt habe, findet sich dieses Prinzip durchgängig in fast allen Bereichen des modernen Lebens in Deutschland. Im Politischen ist das besonders problematisch, weil sich darin letztlich der mögliche Untergang der Demokratie andeutet. Die Nazis haben den Bürgern zu Beginn auch ganz großartige Bilder präsentiert, von der Autobahn, bis zu den Fackelparaden und der Olympiade 1936.

Die Menschen heutzutage sind so daran gewöhnt, sich durch Bilder und Formen leiten zu lassen, dass ihnen das meist gar nicht als unangemessen auffällt. Doch die politischen Journalisten, die so etwas mitmachen, verraten damit ihren Beruf. Sollten sie nicht eine Plattform der Diskussion um Inhalte schaffen und die Aufklärer des falschen Scheins und der nicht passenden Form sein?

Die Corona-Krise

Anfang des Jahres 2020 waren meine Überlegungen zum Zustand des Verhältnisses zwischen Einzelwesen und Staat hinsichtlich Individualismus und Freiheit zu einem ersten Abschluss gekommen. Kurz zusammengefasst bestand das Ergebnis zum einen in der Erkenntnis, dass die Möglichkeit des Menschen selbstständig abzuwägen und sich frei zu entscheiden durch die Gewöhnung an Lenkung und Fremdbestimmung im Alltag immer mehr bedroht ist. Auf der anderen Seite neigt der Staat immer mehr dazu die Einstellung und das Verhalten der Einzelwesen mittels Meinungsmanipulation, Verboten und Geboten zu reglementieren und zu kontrollieren. Seine eigentliche Aufgabe, die Rahmenbedingungen so zu gestalten, dass das freie Spiel der Kräfte nicht zu Kosten der Entwicklungsmöglichkeiten der Einzelwesen geht, vernachlässigt er dabei immer mehr. Weitgehend ungestört konnten sich vor allem amerikanische Internetfirmen wie Amazon, Google, Ebay, Facebook und Twitter zu einer weltweiten Medien- und Finanzmacht entwickeln, indem sie die Nutzer systematisch ausspähten und die gewonnenen Daten zur Manipulation und Animation von Kaufentscheidungen und von Meinungen benutzen. Gegenüber dem globalisierten Kapitalismus begab sich die Politik weitgehend in eine Begleitfunktion. Dabei verlor der Staat nicht nur zum großen Teil seine Wirtschaftssteuerungs-Funktion, sondern auch Souveränität in Bezug auf Versorgungssicherheit der Bevölkerung. Man vertraute den globalisierten Lieferketten der Unternehmen. Doch die sind nicht an deutscher

Souveränität, sondern an Gewinnmaximierung interessiert. Während also auf der einen Seite der mündige Bürger immer mehr hinter dem Konsumenten und dem Medien-Junkie verschwand, wuchs die Macht des internationalen Kapitals vor allem in dem heute immer bedeutungsvolleren digitalen Markt und die Macht des Staates beschränkte sich immer mehr auf die Regulierung nicht der Märkte, sondern der Individuen. Davon auch betroffen die vielen kleinen und mittelständigen Unternehmer, die immer mehr durch bürokratische Hürden behindert werden.

In dieser Situation machten sich die Corona-Viren auf den Weg in die deutsche Gesellschaft.

Für mich war die Corona-Krise neben der persönlichen Betroffenheit so, als hätte die Natur oder der Zufall sich ein Real-Experiment für Deutschland ausgedacht. Ein Experiment, an dem ich sehen konnte, wie weit meine Befürchtungen hinsichtlich Gefährdung von Individualität und Freiheit des Einzelwesens und hinsichtlich der Fehlorientierung des Staates berechtigt waren oder nicht.
Dazu kontrollierte ich jeden Tag die neuesten Zahlen zum Infektionsgeschehen und schaute möglichst jede Pressekonferenz des RKI oder der Bundesregierung und später auch der Landesregierungen. Diese Tage der Krise von Anfang Februar bis jetzt Mitte Mai waren so etwas wie ein Vergrößerungsglas für den gesellschaftlichen Zustand Deutschlands.
Fangen wir, entsprechend der Reihenfolge der Analysen in diesem Buch, an mit dem **Stress**. Wie reagierten die Individuen und wie der Staat auf den außergewöhnlichen

Stress einer Pandemie? Als die Zahl der Infizierten (Genauer gesagt: der positiv Getesteten) ab Mitte März dynamisch stieg, verursachte das bei den meisten Individuen leichte bis heftige Panik. Leider traf das auch auf die Politik zu. Jedoch schauen wir uns zuerst einmal das Verhalten der Individuen an. Wenn man sich in einer Umwelt bewegen muss, in der anscheinend überall ein unsichtbarer Feind lauert, ist das ohne Zweifel eine der stärksten **Stress-Situationen**, die man sich überhaupt vorstellen kann. Es ist die Befürchtung, dass jeder andere Mensch, auch die Partner, Freunde oder sogar die Kinder ein Ansteckungsherd sein könnten. In jedem Geschäft und in jedem öffentlichen Verkehrsmittel könnte der „tödliche Virus" lauern. Ich muss gestehen, dass ich mich in der ersten Woche im März auch von der Panik anstecken ließ. Vermittelt durch die Bilder von Leichen, gestapelt in den Gängen der Krankenhäusern in China und Italien. Zudem war mir nach den ersten Berichten über die Ausbreitung des Virus in einer süddeutschen Firma und in Gangelt durch eine Karnevalssitzung ja klar, dass sich dieser Virus nicht nur durch Körperkontakt, sondern auch durch die Luft (über Aerosole) verbreitet und deshalb extrem ansteckend ist. Außerdem erkrankte einer meiner Verwandten so stark, dass er lange im Koma auf der Intensivstation lag. Ich hatte über Dritte Kontakt mit ihm gehabt, was meine Panik beflügelte. Ängstlich fragte ich mich, ob sich schon Symptome bei mir zeigten. Da ich nur wenige Kilometer entfernt von einem Hotspot der Epidemie in Aachen lebe, waren die Ängste nicht ganz unberechtigt. Heute kommen sie mir fast irreal vor. Doch man bedenke, dass die im Fernsehen gezeigten Horrorbilder von Massengräbern und Toten in

Plastiksäcken und die Beschwörungen des RKI und von Dr. Drosten, sicher nicht nur bei mir die Furcht geweckt hatten, wir würden von einem Virus bedroht, ähnlich gefährlich wie die Pest- oder Pockenviren.

Es gelang mir dann aber mehr und mehr die Panik abzuschütteln, meinen Verstand wieder einzuschalten und die Entwicklung wie ein unbeteiligter Beobachter zu analysieren. In diesen ersten Tagen des März konnte ich nur wenige Menschen beobachten, die über die Situation mit anderen sprachen. Es hatte den Anschein, als hätten auf einmal alle nur noch das Ziel, möglichst viele haltbare Lebensmittel und...Toilettenpapier zu kaufen. Ich gehe davon aus, dass dies durch ein archaisches Muster gesteuert wurde, das ungefähr so strukturiert ist: In Zeiten, in denen das Leben deiner Sippe von außen massiv bedroht ist, zieh dich in deine Höhle oder dein Haus zurück und mach die Schotten dicht!

Wahrscheinlich wird sich bald ein eigenes Buch mit der Bedeutung des Toilettenpapiers in der Corona-Krise beschäftigen. Auch ich kann dieses Thema natürlich nicht übergehen, da es zu den auffälligsten Erscheinungen dieser Zeit zählt. Was hat es zu bedeuten? Ich kann hier natürlich nur eine Vermutung äußern. Meine erste These ist, dass dieses Phänomen keinesfalls belanglos sein kann, denn es war nicht das Produkt von gezielter Werbung oder Meinungsmanipulation durch die Medien. Es muss also etwas zu tun haben mit der inneren Struktur der Individuen im Jahre 2020 in Deutschland. (Natürlich ist mir klar, dass die Aussagen nicht für alle Menschen gelten.). Meine zweite These zu den Panikkäufen von Toilettenpapier ist, dass dieses Verhalten zeigt, dass sich sehr viele Menschen in diesem Land schon auf die Rolle

des Verbrauchers reduziert haben. Der Verbrauch von Essen führt zum Gebrauch von Toilettenpapier. Vielleicht zeigt dieses absurde Kaufverhalten tatsächlich, dass viele Menschen sich mit der Rolle abgefunden haben, eine Durchgangsstation von Waren zu sein. Es gibt kaum eine bessere Veranschaulichung des Prozesses von Gebrauch und Verbrauch als Essen und Ausscheiden. Vielleicht symbolisiert sich in diesen Hamsterkäufen von Toilettenpapier der Wunsch, den Fluss des Konsums, also den Status quo, aufrecht zu erhalten. Im Fall von Essen und Toilettenpapier beschreibt das ja einen realen, physischen Weg von Waren. Auch mir scheint diese These etwas waghalsig und ich möchte sie eigentlich nicht selbst glauben. Aber, was haben die Menschen in den ersten Tagen des Epidemie-Stress in Deutschland vor allem gekauft? Haltbares Essen und Toilettenpapier. Das ist keineswegs selbstverständlich. In anderen Ländern, in denen auch Panik herrschte, war das Kaufverhalten ganz anders. In Frankreich wurden vor allem Wein und Kondome gehortet. Das zeigt eine ganz andere Einstellung zu der Gefahr und ein anderer Umgang mit dem häuslichen Eingesperrtsein. Leider kenne ich keine Statistik, die belegen würde, dass der Umsatz des Buchhandels in dieser Zeit in Deutschland stark angestiegen wäre. Wir galten doch einmal als das Volk der Dichter und Denker. Doch „wir" kauften Toilettenpapier. Vielleicht ist das aber immer noch besser als das Kaufverhalten der Amerikaner. Dort stieg in den ersten Tagen der Pandemie der Umsatz des Waffenhandels rasant. Natürlich beruht auch dies auf einem archaischen Muster, mit Bedrohungen umzugehen.
Nach meinen bisherigen Analysen war zu erwarten, dass

die Menschen in Zeiten des besonderen Stress, verursacht durch eine nicht selbst abwendbare Gefahr dazu neigen, sich von der Angst abzulenken. Tatsächlich wurde gerade in den ersten Wochen der Epidemie ein verstärkter Fernsehkonsum gemessen. In vielen Haushalten wird der Fernseher wahrscheinlich fast ununterbrochen gelaufen sein. Diese Zeit der Passivität vor dem Fernseher und die Fixierung auf Essen dürfte deshalb nicht nur in Deutschland zu späteren, gesundheitlichen Problemen führen. Ich würde mich sehr wundern, wenn nicht viele Menschen nach der erzwungenen Passivität zusätzliche „Corona-Pfunde" mit sich herumschleppen würden. Ich gehöre auf jeden Fall dazu.

Ein weiteres, urtümliches Muster, das bei einer übergroßen Gefahr oft aktiviert wird, ist, hinter einer Person oder Institution, die Stärke und Gelassenheit ausstrahlt, Schutz zu suchen. Tiefenpsychologisch betrachtet handelt es sich dabei um eine infantile Regression. Diese Reaktion ist den meisten Politikern wahrscheinlich und sicherlich ihren Beratern bekannt. So vermittelten in den ersten Märztagen die Kanzlerin Merkel und ihr Gesundheitsminister Spahn bei Pressekonferenzen den Eindruck, man habe alles im Griff und werde das Problem meistern. Unvergessen der Spruch der Kanzlerin: „Man dürfe sich nicht mehr die Hand geben, das sei aber nicht so schlimm, man könne ja dem Anderen auch mit den Augen zulächeln." Nach außen nahmen sie den Virus anscheinend nicht besonders ernst. Doch in den Hinterzimmern der Politik war wohl schon längst Panik ausgebrochen. Andere europäische Länder hatten ihre Grenzen geschlossen und bei Einreisen auch aus Deutschland Quarantäne verordnet. In Spanien und Italien wurde ein radikales Ausgehverbot erlassen. Da blieb den Politikern doch kaum etwas anderes übrig, als selbst Maßnahmen zu ergreifen. Und in diesen Tagen predigten Dr. Wieler und Dr. Drosten, die beiden Hauptberater der Regierung, immer wieder, dass, wenn man in Deutschland nicht die Anzahl der Intensivbetten in den Krankenhäusern erhöhe und die Hygiene-Vorschriften beachte, es zu ähnlichen Bildern wie in Italien und Spanien kommen werde. Das führte dann dazu, dass Mitte März das sogenannte Infektionsschutzgesetz in zwei Tagen ohne jede parlamentarische Kontrolle und Debatte durch beide Häuser des deutschen Parlamentes gejagt wurde. Die Maßnahmen, die das Grundgesetz in weiten Teilen außer Kraft setzten, geben vor allem dem Gesundheitsminister die Macht, mittels Dekreten zu regieren. Die Ungeheuerlichkeit dieses Vorgangs hat mich sehr betroffen gemacht, doch das ist nicht das Thema meiner Arbeit. Die wichtigste Frage blieb, welche Prinzipien sich in dem Verhalten des Staates zeigten. Zu meinem Entsetzen war es genau das, was ich schon vorher als Tendenz analysiert hatte. Was machte der Staat: Er reglementierte die Individuen. Die über Jahrhunderte gewachsene Tradition des Händeschüttelns: Abgeschafft. Umarmungen: Per Geldstrafe verboten. Sein Geschäft öffnen: Verboten. Mehrere Freunde oder nicht im Haus wohnende Verwandte zu Hause empfangen: Verboten. Sich mit mehr als 2 Personen im Freien aufhalten: Verboten. Sich zu Protesten oder Kundgebungen zu treffen: Verboten. In die Schule zu gehen: Verboten. Sport im Verein zu treiben: Verboten. Fitness-Training im Studio: Untersagt...

Vielleicht haben sich einige gewundert, dass ich das Kapitel über die **Reglementierungen** des Lebens im modernen Deutschland mit der Frage begonnen habe, in wieweit wir uns in diesem Land noch körperlich frei bewegen können. Welche Bedeutung dies für Menschen hat, wird sehr vielen wahrscheinlich erst nach den Ausgeh- und Kontaktbeschränkungen der Corona-Krise bewusst geworden sein. Dass dies ein Grundbedürfnis des freien Menschen ist, überall dorthin gehen oder reisen zu können, wohin man will, wird nun schmerzhaft bewusst. Die Regierung hat die Menschen praktisch veranlasst, sich weitgehend selbst einzusperren. Und die Menschen haben dies ohne größeren öffentlichen Protest akzeptiert. Man kann dies als ein Zeichen dafür sehen, wie verantwortungsbewusst die Menschen sich zum Wohle der Gesellschaft diszipliniert haben. Man kann aber darin auch ein Zeichen sehen, wie sehr die Menschen schon daran gewöhnt sind, sich lenken zu lassen. Denn es war ganz offensichtlich nicht eine Willensbekundung des Volkes, die die Dekrete der Regierung hervorgerufen hat, sondern die Dekrete haben das Verhalten der Menschen hervorgerufen. In einer direkteren Form von Demokratie hätte man ja abstimmen lassen können, ob man diese Form von Maßnahmen oder vielleicht andere hätte durchführen sollen. Warum wurde die Chance nicht wahrgenommen, die Krise demokratisch zu lösen, indem man das Volk befragte oder auf Freiwilligkeit setzte? Die Antwort ist sehr wahrscheinlich die, dass man dem Volk nicht die Vernunft zutraut, angemessen auf so eine Krise zu reagieren. Die getroffenen Maßnahmen wurden dann als quasi alternativlos hingestellt und entsprachen damit ja automatisch dem Volkswillen. Im Prinzip wurden wir aber wie kleine Kinder behandelt, die man zu ihrem Glück zwingen muss.

Unbehelligt blieben die Rahmenbedingungen des Politischen selbst. Jetzt, Ende Mai, wo die Epidemie sich immer mehr abschwächt, feiern die Politiker das deutsche Gesundheitssystem, das die Krise so wunderbar gemeistert habe. Vergessen wird dabei, dass dieselben Politiker gerade dabei gewesen waren, die Privatisierung des Gesundheitssystems noch weiter zu treiben (Siehe der Rat der Bertelsmann-Stiftung, in der der Mann der Kanzlerin eine leitende Funktion hat, alle kleinen Kliniken zu schließen!). Vergessen, dass der Staat seine Aufgabe, die Grenzen zu Abwehr vor dem Virus zu sichern, zuerst nicht nachkam. Noch Anfang April konnten selbst aus China Personen einreisen, ohne auf Symptome getestet zu werden oder in Quarantäne zu kommen. Vergessen, dass man die Kliniken nicht verbindlich dazu verpflichtet hatte, genug Schutzkleidung auf Lager zu halten. Das hätte ja der Gewinnmaximierungs-Devise widersprochen. Vergessen, dass man der Pharma-Industrie gestattet hat, die Preise ihrer Medikamente selbst zu bestimmen, aber nichts dagegen unternommen hat, dass die Firmen die Entwicklung neuer Antibiotika und antiviraler Medikamente fast gänzlich eingestellt hatten. Die Unis wurden vom Staat nach dem Ausbruch nicht dazu verpflichtet, wissenschaftliche Untersuchungen zu dem Virus zu machen. Professor Streeck hat seine Forschungen in Heinsberg aus eigenem Antrieb unternommen, um dann von Dr. Drosten wegen der fehlenden Verbindlichkeit der Ergebnisse belächelt zu werden. Deutschland als größter Nettozahler der EU hätte durchaus darauf drängen können, dass europäische Lösungen zur Pandemie-Bewältigung entwickelt worden wären. Zusammenfassend kann man sagen, dass, egal, wie man das Vorgehen der deutschen Regierung beurteilt, es das typische Muster der letzten Jahrzehnte zeigte: Reglementiert wird der Einzelne, während die Gestaltung der Rahmenbedingungen vernachlässigt wird und die großen Player in Wirtschaft und Internet ungestört ihren Plänen nachgehen können.

Kommen wir von der Art der Stressbewältigung der Individuen und des Staates dazu, was die Corona-Krise in Bezug auf **Heimatgefühle** offenbart hat.
Durch die Reduktion der Lebensaktivitäten der Menschen ergab sich vor allem abends eine Stille in den Straßen der Städte, die unseren archaischen Erwartungsmustern mehr entspricht, als der sonst allgegenwärtige Lärm. Der Himmel ist blauer geworden und der Lärm der Flugzeuge, den man meist schon gar nicht mehr bewusst gehört hat, ist fast verschwunden. Durch die Reduktion der Möglichkeiten sonstiger Ablenkung und Unterhaltung bekam auf einmal die Natur viel mehr Aufmerksamkeit. Jetzt in diesem Frühjahr haben der Natur wahrscheinlich viel mehr Menschen als zuvor beim Wachsen und Erblühen geradezu zugesehen, weil man dazu Zeit hatte. Ich gehe davon aus, dass viele Menschen die Natur wieder mehr als das empfinden, was sie ist: unsere eigentliche Heimat. Dies gilt weniger für Menschen, die keinen Garten oder einen bepflanzten Balkon haben. Krisen treffen und betreffen Menschen aus unterschiedlichen Schichten unterschiedlich

Etwas anders sieht es mit dem **entwicklungspsychologischen Heimatgefühl** aus. Dem Postulat der Werbefachleute und der Nachrichten-Redakteure in Fernsehen und Presse folgend, kann man davon ausgehen, dass für diese Form von Heimatgefühlen die Bilder der konkreten Lebensumwelt entscheidend sind. Und die Coronakrise hat die Bilder der Umwelt in einigen Bereichen der konkreten Alltagsumwelt so verändert, dass sie mit den Bildern der Jugend nicht mehr in Einklang zu bringen sind. Menschen mit Mund-und Nasen-Masken, die man sonst nur aus Asien kannte, prägen immer mehr das Stadtbild, vor den Kassen der Supermärkte sind Plexiglasscheiben angebracht, oft stehen Schlangen vor den Supermärkten, Menschen halten Abstand voneinander und die meisten kleinen Geschäfte sind geschlossen. Das waren nur einige der ins Auge fallenden Veränderungen. Das wird bei vielen Menschen, vor allem bei den älteren, die Fremdheitsgefühle sicher verstärkt haben. Wie verstört werden vor allem alte Menschen in Heimen gewesen sein, die auf einmal ihre Verwandten nicht mehr sehen durften und die von Pflegern behandelt wurden, welche durch ihre Schutzanzüge (nachdem die erhältlich waren) wie Raumfahrer aussehen. Ich gehe davon aus, dass gerade die alten Menschen, zu deren Rettung die Maßnahmen vom 15.3. erlassen wurden, gar nicht damit einverstanden gewesen wären, hätte man sie befragt, ob man dies alles für sie machen sollte, um noch einige Jahre länger am Leben zu bleiben. Welches unsägliche Leid hat man den Alten, die an Corona oder mit Corona verstorben sind, angetan, dass sie sich noch nicht einmal von ihren Kindern verabschieden konnten. Ist einer Frau Merkel oder einem Herrn Spahn überhaupt bewusst, was sie alten

Menschen angetan haben, indem sie ihnen nicht mehr ermöglichten, um ein letztes Verzeihen zu bitten oder ein letztes „Danke" zu hören? Den selbstgefälligen, selbstzufriedenen Gesichter der hauptverantwortlichen Politiker nach zu urteilen: nein. Danach wurden die Körper der Verstorbenen als verseuchter Abfall verbrannt. Unfassbar, wie das die Kirche zulassen konnte. Doch es zeigt nur wieder, wie wenig das Individuum in diesem Land noch zählt.

Unfassbar auch, dass so viele Menschen bereit sind, in solchen existenziellen Fragen den Staat für sich entscheiden zu lassen. (R. Thaler u. C. Sunstein: Das „Nudge-Konzept").

Der Radikalität der Reglementierungen entspricht immer die Radikalität der **Kontrollen.** Jetzt, in der Corona-Zeit sieht man auf den Straßen auf einmal wieder häufiger Polizeistreifen. Und man hört, dass sie entschlossen und hart durchgreifen. Sie freuen sich sicherlich darüber, einen Teil ihrer vorher doch arg ramponierten Autorität wiedergewonnen zu haben. Bußgelder von 250 oder 650 Euro, die sofort kassiert werden, sind für viele Menschen eine wirkliche Bedrohung. Doch Kontrollen durch Polizisten sind ja im Prinzip immer noch im wahrsten Sinne des Wortes menschlich. Die Kontrolle der Quarantäne durch Drohnen oder durch Ortung der Smartphones läuft dann schon auf einer anderen Ebene ab. Unmenschlich und fast unvorstellbar war eine Überlegung der sächsischen Regierung, Quarantäne-Verweigerer in die Psychiatrie einzuweisen. Eine Methode, die alle totalitäre Staaten gerne anwenden. Abweichung als Irrsinn, da wird sich M. Foucault in seiner kritischen Sicht der Moderne sicher bestätigt gefühlt haben. In der deutschen Mainstream-Presse gab es dazu einige vorsichtig kritische Stellungsnahmen, doch das war's.

Natürlich spielen bei den modernen Formen der Kontrolle digitale Apps eine besondere Rolle. Wie erwartet wird gerade im Auftrag der Bundesregierung eine Tracking und Tracing App entwickelt, die alle Handys erfassen soll, mit denen ein Infizierter für einige Minuten in einem Umfeld zusammen war. Diese bekommen dann automatisch per SMS die Quarantäne-Aufforderung. Kein Brief einer Behörde, keine Polizei, nur eine SMS. Ob die dann eingehalten wird, kann dann im Prinzip per App-Ortung kontrolliert werden. Hilft das nicht, wurden in Bayern auch schon Drohnen eingesetzt, um einen Quarantäne-Verweigerer ausfindig zu machen. Natürlich werden solche Apps erst einmal auf freiwilliger Basis eingeführt. Aber von hier bis zu einer flächendeckenden Überwachung spezieller Personen oder Gruppen ist es dann nur ein kleiner Schritt. Eine ähnliche App, die in meinen Augen aber noch ungeheuerlicher ist, hat das RKI entwickelt. Dort konnte man eine App herunterladen, die alle Gesundheitsdaten aus Smart-Watches und Gesundheits-Armbändern dem Robert Koch Institut zuspielt. Selbst die Qualität des Schlafes oder auch Geschlechtsverkehr können so erfasst werden. Erst einmal anonymisiert! Am ersten Tag der Einführung der App hatten sich schon 50.000 User angemeldet. Unfassbar diese Bereitschaft, sich kontrollieren zu lassen. Meine Vermutung ist, dass sich diese Menschen, vor allem wohl Jüngere, dabei noch elitär fühlten und stolz darauf sind, dass sie die ersten sind, deren Daten erfasst und ausgewertet wurden.

Neben diesen staatlichen Kontrollen gibt es wieder eine alte Form nachbarschaftlicher Kontrolle: Den Blockwart. Aus eigener Erfahrung weiß ich, dass er nie ganz ausgestorben war, doch nun hat dieser Typ wieder seine große Zeit. Anscheinend sind einige Mitbürger jetzt stolz darauf, ein Teil der Staatsmacht zu sein, indem sie andere denunzieren. Dazu eine kleine, selbst erlebte Geschichte, die Ihnen vielleicht unglaubwürdig erscheinen wird, die sich aber genauso abgespielt hat. Kurz vor Ostern hatte ich in einer Chocolaterie einige Pralinen bestellt, die ich dann abholen sollte, weil das Geschäft wegen Corona geschlossen war. Ich sagte, ich würde die Schokolade vor der Tür annehmen. Der Inhaber lehnte das aufgeregt ab, wir sollten uns auf einem Parkplatz gegenüber treffen, weil ein direkter Nachbar ihn schon einmal wegen so eines kleinen Geschäftes angezeigt hatte. Da traf ich mich also mit einem bürgerlich sonoren Herrn auf einem Parkplatz, unter dem Mantel hatte er die Schokolade verborgen und bestand darauf, sie selbst in den Wagen zu legen. Nachdem er aufgrund der Anzeige zuvor 650 Euro zahlen musste, eine verständliche Reaktion. Ich kam mir vor wie bei einem Drogendeal und fühlte mich sehr befremdet und sehnte mich nach der Insel, auf der ich sonst die Sommermonate zu verbringen pflege, was jetzt aber nicht mehr geht, weil die Grenzen zu diesem Land geschlossen sind.

Eine Krise, die konkret bis in die eigene Lebenswelt vordringt, geht meist mit einem Innehalten einher, was eine gute Voraussetzung dafür ist, Existenz und Sein wieder zu spüren und aus der **Seinsvergessenheit** aufzuwachen. Ich denke, in diesen Tagen des Eingesperrtseins werden manche Menschen genau dies erlebt haben und sich mit Fragen beschäftigt haben, was man so im Leben mache und was das Alles soll. Aus Gelebe kann dann wieder Leben werden. Aber Viele werden es nur als ein Erschrecken erlebt haben, weil sie mit der **Leere** und der nicht beantworteten Sinnfrage konfrontiert waren. Dies gilt besonders für nicht-religiöse Menschen und so gehe ich davon aus, dass auf der einen Seite einige Menschen in diesen Tagen wieder zur Religion oder zu einem seinsbewussten Leben zurückgefunden haben. Viele werden sich auf der anderen Seite umso stärker in die mediale Berieselung geflüchtet haben. Diese Menschen werden das Ende der Krise ganz besonders herbeisehnen, damit sie wieder losrennen können, um die aufgetauchten existenzialistischen Ängste loszuwerden. Manche Menschen werden mit diesen Erlebnissen auch überfordert sein, so dass nach meiner Einschätzung vermehrt psychische Erkrankungen als Folge der Krise zu erwarten sind. Die durch die Maßnahmen bewirkte stärkere **Vereinzelung** wird die psychische Belastung vieler Menschen zusätzlich vergrößert haben. Der Fremde wird nun vor allem als potenzieller Ansteckungsherd und somit als Bedrohung wahrgenommen. Vielleicht werden die Menschen nach den Wochen der Zwangs-Vereinzelung aber auch eine neue Freude auf Kontakt und Lust entwickeln und sich nicht mehr an die Vorschriften halten. Ich gehe davon aus, dass viele Jugendliche so reagieren werden.

Damit zusammenhängend kann auch das **Glücksversprechen** der Konsumindustrie in der Zeit der Krise auf einmal sehr fragwürdig werden. Man merkt jetzt vielleicht, wie viel wichtiger Freunde, Familie und Seelenruhe sind. Aber andere Menschen beginnen sich schon nach der Zeit zu sehnen, in der man durch die Einkaufstraßen flanieren kann, um nach schönen Dingen Ausschau zu halten, die man kaufen kann. Doch diese Sehnsucht ist sicher nicht für alle Schichten gleich. Die Menschen aus den unteren Schichten, in denen der Ernährer der Familie jetzt vielleicht in Kurzarbeit ist oder seinen Job verloren hat (Insgesamt wurde für fast 10 Millionen Kurzarbeit beantragt), werden sich mehr bewusst geworden sein, dass es das Wichtigste ist, überhaupt genug zu essen zu haben. Noch haben wir keine amerikanischen, spanischen oder französischen Verhältnisse, wo sich kilometerlange Autoschlangen vor den Essensausgaben mildtätiger Organisationen bilden. Aber auch in Deutschland gibt es über eine Million armer Menschen und Familien, die auf das Essen der Tafeln angewiesen sind. Die haben aber immer weniger geöffnet, da sie immer weniger Spenden von Supermärkten bekommen, weil diese zur Zeit fast alles „in time" verkaufen. Zur Zeit gibt es keine Berichte in den Medien darüber, wie viele Menschen jetzt auch in Deutschland Hunger leiden. Es werden vielleicht nicht viele sein, aber viele werden deutlich gespürt haben, wie nahe sie dieser existenziellen Versorgungsgrenze gekommen sind. Vielleicht werden diese Menschen in Zukunft nicht mehr so leicht hinnehmen, dass für Asylanten jedes Jahr Milliarden aufgebracht werden, dass Bankmanager Millionen an Bonizahlungen bekommen, dass wir Geld für Kriege in fremden Ländern ausgeben, die großen Internet-Firmen in Deutschland kaum Steuern zahlen müssen und die Vermögenssteuer abgeschafft worden ist. Insgesamt gehe ich davon aus, dass in den untersten Schichten und in der Gruppe der Intellektuellen der Geist des Widerstandes zumindest für eine gewisse Zeit erstarken wird. Widerstand im Sinne des Themas dieses Buches bedeutet dann aber auch Widerstand gegen die eigenen Gewohnheiten, gegen die Gewohnheiten der Informationsbeschaffung, gegen die Macht der Apps, die uns zu fremdbestimmtem Handeln animieren, gegen unsere Art des Konsums, gegen unsere Art der Freizeitbeschäftigungen und gegen unsere Bequemlichkeit. Dieses Bewusstsein haben aber selbst viele der Demonstranten des neuen Widerstandes bei den Kundgebungen in Berlin oder Stuttgart nicht erkennen lassen. Die meisten hielten dabei nämlich nicht das Grundgesetz hoch, sondern ihr Smart-Phone, um Selfies zu machen. Sehr befremdend war in Stuttgart bei der Demo Ende Mai zu beobachten, dass die Rede des Mediziners H. Schöning mit Musik unterlegt bzw. akzentuiert wurde.

Meistens ist eine Zeit, in der eine Gesellschaft einer äußeren Bedrohung ausgesetzt ist oder ausgesetzt scheint, eine Zeit, in der die Fronten geschlossen werden und **das Gleiche** betont wird. Oft befleißigt man sich dabei auch einer martialischen Sprache: „Die Reihen müssen geschlossen werden" oder „Die Front muss halten". Solche Sätze konnte man in der Hochphase der Krise von Politikern und Journalisten hören. Opposition und Widerstand erscheinen dann als Verrat am Vaterland. Die **Gleichmacherei** zeigte sich auch im Parlament, als innerhalb eines Tages ein Gesetz durchgewunken wurde,

in dem das Grundgesetz in Teilen außer Kraft gesetzt wurde. Alle Parteien haben das einstimmig verabschiedet, ohne jede weitere implantierte Kontrolle oder zeitliche Befristung. Für mich trifft darauf der Ausdruck Gleichschaltung auch mit seiner besonderen deutschen Vergangenheit zu. In einer Demokratie muss man meiner Meinung nach versuchen, auch Krisen demokratisch in den Griff zu bekommen. Dies wäre durchaus möglich gewesen, doch es wurde versäumt. Weshalb hat die Regierung nicht zugegeben, dass sie gar nicht wusste, was da auf uns zukommt und wie man damit am besten fertig wird. Man hätte auch über das Wochenende um den 15.3. herum in dieser zugespitzten Krisensituation möglichst viele Experten unterschiedlicher Couleur nach Berlin kommen lassen und von jeder Partei Abgeordnete in ein Gremium entsenden können, um dann auf dieser Grundlage Maßnahmen zu beschließen.
Erst nach zwei Wochen erwachten die ersten Oppositionsparteien wieder aus dem Dornröschenschlaf. Zuerst war das die FDP, die auf einmal merkte, dass die Beschlüsse dabei waren, ihre Stamm-Klientel, den unternehmerischen Mittelstand zu ruinieren. Dann erwachte die AFD, die auf einmal merkte, dass die Maßnahmen keineswegs alternativlos waren und auf einem unsicheren wissenschaftlichen Fundament standen. Nach und nach erwachten dann auch die Linken und die Grünen, doch der Schaden war längst entstanden und nicht mehr gut zu machen. Seit Ende April entstand so etwas wie eine neue außerparlamentarische Opposition. Doch nur wenige Menschen trauten sich, den Protest auf der Straße zu unterstützen.
Man kann nur hoffen, dass der Widerstand friedlich und

rational bleibt. Ansonsten ist zu befürchten, dass ein Anti-Verschwörungsgesetz erlassen wird, das die Meinungsfreiheit im Internet einschränken würde. Entsprechende Anregungen kamen Mitte Mai 2020 schon von den Regierungsparteien. Dann hätte der Widerstand kein gemeinsames Fundament der Verständigung und der Information mehr.

Leider wurden auch die klassische Presse und die öffentlich **rechtlichen Medien von der Gleichschaltung** des korrekten Meinens und Sprechens erfasst.
Doch langsam regt sich anscheinend nicht nur bei mir Widerstand gegen diesen Einheitsbrei von Nachrichten, der als eine spezielle Form von Unterhaltung dargeboten wird. (Zum Beispiel: auf der Plattform von KenFM oder auf der Plattform „Rubicon"). Die Gleichschaltung der Presse und der öffentlichen Meinung kam nicht über Nacht. Doch die Berichterstattung in der Coroankrise setzte wirklich allem die Krone an Duckmäusertum auf. Ich werde mich im Folgenden nur auf einige Beispiele beschränken.

Die **Maskenproblematik**: Wochenlang wurde bis zum 2. April immer wieder in den Medien verbreitet, dass die Masken nichts nützten. Dies lässt sich sehr gut durch Mitschnitte von Pressekonferenzen belegen, in denen zum Beispiel J. Spahn, A. Merkel oder der Präsident des RKI sich äußerten. Anfangs galten die Masken dabei sogar als kontraproduktiv, weil sich Viren sich in den Masken anlagern könnten. Einige Wochen später durften Experten und Politiker in den Medien immer wieder sagen, die Masken würden nur die anderen schützen, nicht aber einen selbst. Wie das technisch möglich ist, blieb völlig schleierhaft. Professor Streeck aus Bonn, der die Untersuchungen in Heinsberg durchführte, fand heraus, dass die Schwere der Erkrankung davon abhängt, welche Virenlast man beim ersten Kontakt abbekommen hat. Und da sollen Masken nicht helfen können, dass man wenigstens ein bisschen geschützt ist und ein bisschen weniger stark erkrankt? Die Wahrheit, die hinter so offensichtlichen Widersprüchen steckte, war wohl, dass man nicht genug Masken, genaugenommen praktisch gar keine, für die Bevölkerung hatte. (Noch im März wurden Millionen von Masken nach China verkauft). Ein unglaubliches Versagen nach all den Warnungen vor einer bald zu erwartenden Pandemie. Wie sehr solch eine Meinungsmache durch die Presse die Menschen beeinflusst, konnte ich am eigenen Leib erfahren. Ich trug sehr früh und lange als Einziger in meinem Lebensumfeld eine solche Maske, die ich von einer Operation mitgebracht hatte, und wurde daraufhin immer wieder angepöbelt. „Das würde doch nichts bringen, wie ich nur so blöd sein könne". Ich verwies darauf, dass man dann auch all die Menschen in Asien für blöde halten müsste. Eine Antwort in einem Supermarkt war: „Ja, die sind ja auch alle krank". Keine Ahnung, ob der Herr das im übertragenen Sinne meinte. Und heute am 16.4. sagt dieselbe Kanzlerin, sie würde dringend dazu raten, Masken zu tragen. Eine Reporterin fragte bei dieser Pressekonferenz nach, ob das nicht genau das Gegenteil von dem sei, was sie Anfang April gesagt habe. Die Kanzlerin beantwortete diesen Teil der Frage einfach nicht, und die Journalistin fragte nicht weiter nach oder durfte nicht nachfragen.

In der Zeit, so um den 13. März, fabulierte Herr Wieler (Veterinärmediziner) vom RKI immer noch davon, dass es besonders wichtig sei, in die Armbeuge zu niesen. Nachdem der Virologe Kekulé darauf hingewiesen hatte, dass dieser Hinweis irrelevant sei, weil Corona-Patienten gar keinen Schnupfen hätten, tauchte dieser Virologe für Wochen nicht mehr in den Haupt-Mainstream-Medien auf. Er war wohl in Ungnade gefallen. Er beantwortet jetzt Zuschauerfragen beim MDR.

Dann der schon lächerliche Umgang mit der **Anzahl der Infizierten**. Schon der Begriff ist falsch, weil es sich um die Zahl der positiv Getesteten handelt, was definitiv etwas anderes ist. Ohne die Relation zu den durchgeführten Tests hat die sogenannte Zahl der Infizierten überhaupt keine Aussagekraft. Doch Nachfragen danach wurden kaum gestellt und wenn, dann nicht wirklich beantwortet. Was soll für die Gesundheitsämter daran so schwierig sein, nicht nur die Zahl der positiv Getesteten, sondern auch die Anzahl der durchgeführten Tests zu melden? Es gibt erste Forschungen, die zeigen, dass der Quotient aus durchgeführten Tests und die Anzahl der positiv Getesteten selbst in der Hochphase der Epidemie weitgehend gleich geblieben ist. Weshalb werden solche Quotienten nicht regelmäßig ermittelt und bekannt gegeben? Hatte jemand ein Interesse daran, die Zahl der sogenannten Infizierten möglichst hoch zu halten?

Dann die fehlende Unterscheidung **zwischen *an* Corona gestorben und den Patienten, die nur *mit* Corona gestorben sind**. Das RKI hat Anweisung gegeben, möglichst keine Oduktionen durchzuführen. Was soll das? Alles ideale Fragen auch für Journalisten der Mainstream-Presse. Doch sie wurden nicht gestellt. Nur in der Sendung von M. Lanz kam die Problematik zur Sprache. Dort war ein Pathologe (Dr. Püschel) eingeladen, der sich über die Empfehlungen des RKI hinweggesetzt hatte. Das Ergebnis war, dass ein Viertel gar nicht an Corona gestorben war und dass alle anderen „Corona-Toten" gravierende Vorerkrankungen hatten. Wieso wurde die Kanzlerin bei der Pressekonferenz am 16.4. nicht mit solchen Fakten konfrontiert?

Oder was ist davon zu halten, dass immer mal wieder die **Verdopplungszahl** herangezogen wird, um zu belegen, dass die Maßnahmen Wirkung zeigten. Doch auch diese Methode ist sehr unseriös, weil bei jedem dynamischen Geschehen die Verdopplung am Anfang viel höher ist als später, was aber nichts über die Bedrohlichkeit der Situation aussagt. Wenn die absoluten Zahlen Größen erreichen, in der das Gesundheitssystem überfordert ist, ist es völlig egal, nach wie vielen Tagen sich eine Verdopplung ergeben hat. Aber auch hier keine Nachfragen.
Die Regierung hatte, nachdem die Maßnahmen ab dem 22.3. einsetzten, verkündet, dass man nach 14 Tagen sehen könne, ob sie etwas bewirkt hätten. Nach diesen 14 Tagen stieg die Zahl der sogenannten Neu-Infizierten aber auf Rekordhöhe. In diesen Tagen vermeldete die Regierung dann aber leicht positive Tendenzen, benutzte dafür aber nicht die Zahl der sogenannten Neu-Infizierten, sondern die steigenden Verdopplungsraten. Niemand fragte nach!

Bis Anfang Mai sprach der Gesundheitsminister Spahn immer von einem **exponentiellen Wachstum** der Infektionen, das man durch die Maßnahmen in ein lineares Anwachsen verwandelt hätte. Dabei offenbarte sich seine mathematische Inkompetenz, denn zu keiner Zeit handelte es sich um ein exponentielles Ansteigen der Infektionen. Es war immer ein dynamischer und kein exponentieller Verlauf. Das hat ihm dann wohl jemand gesteckt, denn seit Anfang Mai spricht er auch von einem ehemals dynamischen Wachstum. Niemand sprach ihn darauf an.

Am 17.3 wurde in einer Nachrichtensendung über angeblich **bedrohliche Fake-News** berichtet und als Beispiel darauf hingewiesen, dass die Nachricht, das Medikament Ibuprofen könne den Verlauf der Krankheit negativ beeinflussen, eine bewusste Lüge sei. Nur einen Tag später flatterte die Nachricht über die Ticker der Nachrichtenagenturen, es sei doch besser auf Ibuprofen zu verzichten und Paracetamol zu nehmen. Gab es dazu irgendeine Erklärung des Senders, der vorher von einer typischen **Fake-News** gesprochen hatte? Nein!

In Deutschland stehen heute, am 16. April, ungefähr **8000 Intensivbetten leer**. Wie kann die Regierung dann am selben Tag unwidersprochen erklären, die Entwicklung stände auf der Kippe und man dürfe nicht zu viel riskieren? Dabei mussten manche Kliniken und ganz viele Privatpraxen schon Personal in Kurzarbeit schicken. Niemand von den öffentlich-rechtlichen Journalisten fragte nach, obwohl die Fakten nicht nur mir zur Verfügung stehen.

Insgesamt zeigte sich, dass die Presse und der öffentliche Rundfunk in der Corona-Krise ihre Aufgabe nicht erfüllten, eine Plattform für die im Volk und in der Wissenschaft verbreiteten Meinungen zu sein. Andersdenkende wurden stattdessen massiv ausgegrenzt und diffamiert, in letzter Zeit vor allem als Verschwörungstheoretiker. Die Presse als Ganzes war in der Krise meist eine Plattform, auf der eine Elite von Journalisten und Politikern in ritualisierten Sitzungen standardisierte Fragen und standardisierte Antworten austauschen konnte.

Mögliche Veränderungen von Einstellungen aufgrund der Corona-Krise

Für viele Menschen wird Deutschland nach der Corona-Krise nicht mehr dasselbe Land sein wie zuvor. Die von der Regierung angeordnete Veränderung des Lebenswandels bis in kleinste Details des Alltagslebens wird zumindest mittelfristig die Einstellungen und das Fühlen der Menschen verändern.

Ich gehe davon aus, dass die wichtigsten Veränderungen folgende sein werden:
Das vormals weitverbreitete Gefühl wurde erschüttert, trotz aller Veränderungen in der Welt werde Deutschland doch immer das bleiben, was es war und ist. Aus den Nachrichten der letzten beiden Jahrzehnte konnte jeder entnehmen, wie Krisen auch militärischer Art (Vom Jugoslawienkrieg bis zum Syrienkonflikt) immer näher an Deutschland heranrückten, doch irgendwie gingen viele stillschweigend wohl davon aus, dass Deutschland selbst von ernsten Krisen verschont bleibe. Doch nach der Corona-Krise wurde den meisten klar, dass **auch Deutschland von radikalen Umwälzungen betroffen sein kann**. Da wir die Krise durch unseren größeren Reichtum besser als alle anderen europäischen Staaten überstanden haben, scheint Deutschland auch in der Krisenbewältigung vorbildlich zu sein. Ich gehe davon aus, dass Viele das so oder so ähnlich sehen. Für die ist das dann so ähnlich, als hätte Deutschland im Europeen

Songcontest den ersten Platz belegt.

Doch auch bei denen wird tief im Inneren ein Gefühl der Verunsicherung verbleiben, weil offensichtlich wurde, dass Deutschland keine „Insel der Seligen" ist. Aus Verunsicherung entwickelt sich meistens ein stärkeres Sicherheitsbedürfnis, was wiederum negative Folgen für die Werte des freien Individualismus hat: Selbstständigkeit, Selbstverantwortung, Ausprobieren, Entdeckerfreude und Selbstverwirklichung.

Neben dieser Veränderung des Grundgefühls werden sich aber wahrscheinlich ganz konkrete Einstellungen und Verhaltensweisen aufgrund der Corona-Zeit geändert haben.

- **Das Verhältnis zu körperlicher Nähe**. Zur Zeit wird propagiert und eingeübt, dass Körperkontakt etwas Negatives, Bedrohliches ist. Das nimmt in den Endtagen der Krise (Mitte Mai) manchmal absurde Züge an. Dazu zwei kurze Geschichten: Bei einem Bundesligaspiel am 16.5. tätschelte ein Spieler den Kopf seines Mitspielers, der gerade ein Tor geschossen hatte. (Beide waren vorher mehrmals negativ auf Covid 19 getestet worden.). Dafür kritisierte ihn der Bayerische Ministerpräsident Söder im Doppelpass-Sporttalk am Sonntag danach. Der Spieler komme seiner Vorbildfunktion nicht nach. Am nächsten Tag sah man Söder dann zusammen mit dem Innenminister Seehofer im intimen Gespräche, keine 20 Zentimeter auseinander. Dann begaben sie sich vor zwei Mikrofone, die im Abstand von zwei Metern aufgebaut waren und Söder erklärte, dass die

Hygieneregeln trotz der jetzigen Erleichterungen strikt zu beachten seien. Das hat dann schon etwas Kafkaeskes.

- **Das Sexualverhalten.** Die Veränderungen in diesem Bereich ergeben sich natürlich schon aus den Abstandsregeln. Das Sexualverhalten wird nach der Corona-Krise zumindest für Monate nicht mehr dasselbe sein wie vorher. Betroffen sind vor allem Singles. Dies liegt auch darin begründet, dass viele der Orte, an denen üblicherweise solche Kontakte angebahnt werden, geschlossen sind und dies wahrscheinlich noch lange so bleiben wird. Gemeint sind zum Beispiel: Diskotheken, Nachtbars, Sex- und Saunaclubs. Vor einer Aids-Infektion kann man sich durch Kondom-Benutzung schützen, aber gegen Covid 19 ? Obwohl dieser Virus nicht annähernd so gefährlich ist, wird er das Sexualverhalten vieler Menschen vielleicht sogar noch stärker beeinflussen. Auch hier zeigt sich, dass durch die Corona-Krise das Sicherheitsdenken gegenüber der Freiheit der Selbstverwirklichung generell immer mehr Übergewicht bekommt. Profitieren von dieser veränderten Einstellung werden zum Beispiel Dating-Agenturen, die ganz bewusst dazu aufrufen: „Bleibt zu Hause" und Sex-Kontakte über ihre Plattformen anbieten.

- **Das Reiseverhalten.** Am 15.6. wird die Reisewarnung für europäische Länder wahrscheinlich aufgehoben und man kann dann als Deutscher wieder in fast alle europäischen Länder reisen.

Doch man sollte nicht davon ausgehen, dass dies im gewohnten Maße geschehen wird. Wahrscheinlicher ist, dass viele Menschen verstärkt in Deutschland Urlaub machen werden. Das wird die deutsche Tourismusindustrie freuen, aber es hat auch negative Seiten. Viele ärmere Länder konnten gerade durch den Tourismus ein wenig am deutschen Wohlstand partizipieren. Wenn die deutschen Urlauber wegbleiben, wird sie das in diesen Ländern nicht beliebter machen. Aber auch für die deutschen Bürger ergeben sich dadurch mentale Nachteile. Die Konfrontation mit dem Anderen und dem Fremden auf Auslandsreisen initiiert oft die Reflexion des Gewohnten.

- **Die Vorratshaltung.** Im Keller meines Elternhauses gab es in den 50iger Jahren, wie bei fast allen anderen Familien, auch einen Vorratskeller. Dort lagerten in Gläsern das eingemachte Obst und Gemüse und die selbstgemachten Marmeladen. Es gab eine Kartoffelkiste und ein Wein- und Öl-Depot. Diese Tradition ging weitgehend verloren und nur wenige Familien betreiben noch eine Vorratshaltung. Doch durch Corona ist das sicher anders geworden. Viele werden auch in der Zeit nach der Krise sich einen Vorrat an lange haltbaren Lebensmittel anlegen. (Sobald wieder Platz in den Kellern ist, nachdem die Berge von Toilettenpapier aufgebraucht sein werden). Auch darin zeigt sich ein verstärktes Sicherheitsbedürfnis, aber auch die positive Erkenntnis, dass eine sichere Versorgung mit

Lebensmitteln keinesfalls eine Selbstverständlichkeit ist. Davon profitieren schon jetzt die Hersteller von Tiefkühltruhen und die Lieferanten von Tiefkühlkost. Diese verzeichneten in diesen Tagen ein Umsatzplus von 30 %.

- **Reduktion und Relativierung des Konsumverhaltens.** Ich gehe davon aus, dass die Menschen auch nach der Wiedereröffnung der Geschäfte nicht mehr, sondern weniger kaufen werden. Sie werden sich nicht mehr so leicht durch schöne, verführerische Formen zu Käufen verleiten lassen, weil sie nach der Erfahrung der Krise mehr danach fragen werden, ob das Produkt die Lebensqualität wirklich erhöht oder nicht. Das wird die sich anbahnende Wirtschaftskrise zusätzlich verstärken.

- **Die Einstellung zur Politik.** In den 50iger Jahren machte die CDU Werbung mit dem Slogan: „Keine Experimente". Ich kann mir vorstellen, dass so etwas heutzutage für ein durch die Krise erschüttertes Bewusstsein durchaus attraktiv sein könnte. In solchen Zeiten zählen für viele Menschen Sicherheit und Gewährleistung des Wohlstandes mehr als alles andere. Das wird die befürchtete Transformation zusätzlich beflügeln.
Doch das gilt nicht für alle. Es gibt eine Gruppe von Menschen, deren Größe sich nur schwer abschätzen lässt, die es dem Staat nicht vergessen und verzeihen wird, ihnen das Gefühl genommen zu haben in einer Demokratie zu leben, in der jeder Einzelne auch für seine Gesundheit selbst

verantwortlich ist. Diese Menschen werden nicht vergessen, wie die Politiker versucht haben, sie durch falsche Zahlen oder durch Heranziehen immer anderer Bezugsgrößen bewusst zu manipulieren. Sie werden nicht vergessen, dass sie auf einmal wieder Untertanen sein sollten. Und sie werden nicht vergessen, wie schnell kritische Stimmen von der Mainstream-Presse als Verschwörungstheoretiker und rechtsradikale Mitläufer diffamiert wurden.

Kommen wir zu den **Politikern**. Ich nehme an, dass die Krise auch deren Denken verändert oder bestimmte Einstellungen verstärkt hat. Um das beurteilen zu können, ist es hilfreich, sich der Rahmenbedingungen zu vergegenwärtigen, in denen diese arbeiten. Bei den meisten Politikern, die heute wichtige Posten in Regierung und Parlament bekleiden, handelt es sich um Berufspolitiker. Sie haben meist nach einer Ausbildung nichts anderes getan, als in den Parteien Karriere zu machen. Vielleicht ist dies auch eine Erklärung für die gerade in der Corona-Krise häufig zu beobachtende fachliche Inkompetenz vieler Politiker. Professoren wie Otte und Kral sprechen in diesem Zusammenhang von einer Negativ-Auswahl. Nur wer es in den wirtschaftlichen oder wissenschaftlichen Feldern nicht schaffe, Karriere zu machen, tendiere dann dazu, im Bereich der Politik zu versuchen, in die „Cloud" der Mächtigen zu gelangen.
Viele Politiker reden gerne von ihrer Wahlkreisarbeit, aber die besteht meistens nur aus einer Sprechstunde im Monat. Dies gilt gar nicht für die Hälfte der

Abgeordneten, die über die sogenannten Landeslisten ins Parlament gezogen sind. Diese Abgeordneten müssen sich ganz besonders durch Parteiarbeit qualifizieren. Dazu gehört natürlich auch, dass die Partei sich darauf verlassen will, dass sie in ihrem Sinne bei Gesetzesvorlagen abstimmen. Dies widerspricht aber eigentlich dem verfassungsmäßigen Auftrag. Jeder Abgeordnete ist nur seinem Gewissen verantwortlich und darf auch durch sogenannten Fraktionszwang nicht gezwungen werden. Doch Papier ist geduldig und in der Realität funktioniert der Fraktionszwang tadellos.

Der natürliche Adressat der Arbeit eines Abgeordneten ist also nicht mehr der Bürger, sondern die Partei, repräsentiert durch die Vorstände und den Vorsitzenden der Partei. Wenn man in einer Partei Karriere machen will, ist es nicht entscheidend, ob man dem Allgemeinwohl dient, sondern ob man den Erwartungen der Partei entspricht oder nicht. Ein Politiker spricht also in der Regel mit anderen Politikern, meist aus seiner Partei, in den Ausschüssen auch mit den Politikern anderer Parteien. In den Bundestagsdebatten sprechen die Abgeordneten dann zwar formell zu der Gesamtheit der anderen Abgeordneten, doch in Wirklichkeit geben sie oft nur Statements ab, die so etwas sind wie ritualisierte Bekenntnisse zu der Position der eigenen Partei.

Zwei andere wichtige Bezugsgruppen für Politiker sind die Vertreter der Medien und die Vertreter der großen Wirtschaftsverbände und der Konzerne. Die Medienvertreter sind für die Politiker von besonderer Bedeutung, weil sie für das Image des Politikers in der Öffentlichkeit wichtig sind. Die Vertreter der Wirtschaftsverbände und die Lobbyisten der Konzerne sind für den

Abgeordneten in mehrfacher Hinsicht wichtig. Einmal, weil von diesen Interessengruppen die Parteien auch finanziell unterstützt werden. Zum anderen haben die Vertreter der Wirtschaft über Anzeigen einen großen Einfluss auf die Presse. Kein Abgeordneter wird leichtfertig riskieren, es sich mit diesen Leuten zu verscherzen. Das kann leicht der Anfang vom Ende der Karriere sein. (Für mich ist Lobbyismus nur eine legale Form von Korruption. Das war eins der überraschendsten Fakten, die ich im Wirtschaftsstudium lernte, dass Lobbyismus erlaubt sei und dass es für die Begegnungsstätten mit diesen Leuten schon im englischen Parlament eigene Räume gab und gibt.).

Des weiteren planen die meisten Abgeordneten zweigleisig. Wenn das mit der politischen Karriere nicht so läuft wie erhofft, dann muss man sich durch Aufsichtsratposten frühzeitig absichern.

Betrachtet man diesen üblichen Kommunikations- und Interaktionsrahmen der Politiker, dann wird klar, dass sie in einer „Cloud" leben, die kaum noch Berührungspunkte hat mit dem „einfachen Volk", wozu auch die Intellektuellen gehören. Auch von daher sind vielleicht einige, merkwürdige Entscheidungen der Politik zu verstehen. Die Welt der Politiker ist eine Welt für sich, in der alle Teilnehmer nur darum ringen, ihren Einfluss zu vergrößern und ihre Macht zu stärken. Die Kräfte dieses „Spiels" unterstützen sich gegenseitig und nur hin und wieder, wenn jemand aus der Reihe tanzt oder durch private Dinge nicht mehr haltbar ist, wird schon einmal ein Bauernopfer erbracht.

In vorangegangenen Kapiteln habe ich über **das Primat der Form und über den Verlust der Inhalte** geschrieben. Das trifft auf das Reden von Politikern in besonderem Maße zu. Die Hauptausbildung eines Politikers besteht nicht darin zu sagen, was man gerade denkt, oder sich am Allgemeinwohl zu orientieren. Nein, Politiker haben meist ganz andere Gedanken. Wenn sie sich zu einer Problematik äußern, überlegen sie meiner Einschätzung nach vor allem, was man zum Beispiel als Partei-Politiker zu dem Thema sagen muss. Dabei sollte man sich möglichst so akzentuieren, dass man auffällt, ohne aus der Reihe zu tanzen. Der eigentliche Inhalt der Problematik spielt dabei nur eine unwesentliche Rolle. Vielleicht halten Sie diese Einschätzung für übertrieben negativ und ich würde mich selbst freuen, wenn ich mich irrte. Doch ich habe mich nun zwei Jahre lang besonders intensiv mit den Reden von Politikern beschäftigt und ich kann leider bei den meisten zu keiner anderen Einschätzung kommen. Damit stehe ich aber nicht allein. Sprechen Sie mit irgendwelchen Leuten über Politiker, werden Sie feststellen, dass ich keine Ausnahme bin in der kritischen Sicht dieser Berufsgruppe. Da ich für ein Jahr in Straßburg gelebt habe, kam ich hin und wieder mit Politikern in Kontakt und schon da entstand der Eindruck, dass die meisten in einer völlig abgehobenen Welt lebten.

Kommen wir zu der Veränderung der Einstellung, die die Corona-Krise wahrscheinlich bei vielen Politikern der Regierung bewirkt hat.

- **Verlorener Respekt vor der Intelligenz der Bürger.** Wenn ungefähr 30 Menschen entscheiden, wie sich 80 Millionen Bürger verhalten müssen, mit wem sie sich treffen dürfen, wo sie sich aufhalten dürfen und welchen Abstand sie voneinander halten sollen und wie sie sich begrüßen sollen, um nur einige der Verordnungen noch einmal zu nennen, dann brauchen diese Leute verdammt gute Begründungen. Und nichts ist dazu besser geeignet als die Wissenschaft. Und was lag da näher als auf das mit Bundesmitteln unterstützte RKI, dem Robert Koch Institut in Berlin und den Leiter der Charité (ebenfalls Berlin), Dr. Drosten, zurückzugreifen. Doch anscheinend gab man sich nicht die Mühe die Kompetenz des Leiters des RKI und von Dr. Drosten noch einmal zu überprüfen. Hatte sich Dr. Drosten nicht schon 2011 in Bezug auf die Schweinegrippe disqualifiziert? Seine falschen Prognosen kosteten den Staat hunderte Millionen Euro, da auf seine Empfehlung entsprechende Impfstoffe angeschafft wurden, die später dann sehr teuer entsorgt werden mussten. Doch in den Märztagen, als die Epidemie so richtig in Gang kam und die Beschlüsse zum Lockdown gefasst wurden, brauchte man einen, der schon darin geübt war, die Gefahren bestimmter Viren zu dramatisieren. Herr Drosten war auch maßgeblich verantwortlich für die Schulschließungen, weil er in einer eigenen Untersuchung herausgefunden haben wollte, dass Kinder und Jugendliche besonders ansteckend seien. Heute (Mitte Mai 2020) melden sich renommierte Epidemiologen und Statistiker und verweisen darauf, dass diese Arbeit keine wissenschaftliche Relevanz habe und die Interpretationen sehr zweifelhaft waren. Auf einmal wurde bekannt, dass Kinder nur ungefähr 20 % der Virenlast eines Erwachsenen tragen. Die Politiker gingen anscheinend davon aus, dass eine kritische Intelligenz für die öffentliche Meinung keine große Rolle spielt. Viel entscheidender ist der Eindruck, den der besorgte Herr Dr. Drosten in einem kurzen Tagesschau-Ausschnitt macht. Für mich war die Inkompetenz des Herrn Dr. Wieler vom RKI ebenfalls offensichtlich. Der Leiter einer solch bedeutenden Institution und der anscheinend wichtigste Berater der Regierung in der Krise ist merkwürdigerweise gar kein Human-Mediziner, sondern ein Tierarzt und hat es, eigenem Bekunden nach, nicht so mit Zahlen. Doch die Qualifikation und die Kompetenz dieser Personen sollte uns eigentlich gar nicht besonders interessieren, da sie nicht von uns, dem Volk, gewählt wurden und nicht zur Verantwortung gezogen werden können. Entscheidend muss sein, wie die Politiker, beraten durch wen auch immer, die gravierendsten Einschnitte in die Freiheit der Menschen seit Bestehen der BRD begründeten. Und diese Begründungen zeigten ebenfalls eine unglaubliche Inkompetenz und Meinungsmanipulation. Widersprüchliche Zahlen, die Verwechslung von Werten, Verallgemeinerung von Daten, Widersprüchlichkeiten. Für jeden, der die Pressekonferenzen und sonstigen Interviews verfolgte, war das ersichtlich. Doch peinlich schien das den Politikern nicht zu sein. Mir ist nicht eine einzige Entschuldigung oder Bitte um Nachsicht bekannt. Fast im Wochentakt benutzte man andere Bezugsgrößen zur Rechtfertigung der Bedrohung durch das Virus, später dann wieder andere, um zu begründen, dass man die Sache im Griff habe. Doch selbst, als die Zahl der positiv Getesteten im Bereich von wenigen Hundert lag, sprachen Politiker wie Söder, Merkel und Spahn immer noch davon, das Ende der Epidemie sei noch nicht in Sicht und man befände sich noch mitten drin. Offensichtlich ist nicht nur für mich, sondern für viele freie Journalisten und Ärzte (Dr. Woda und Dr. Bhakdi, um nur die bekanntesten zu nennen) die manipulative Verwendung von statistischen oder wissenschaftlichen Fakten. Halten die Politiker die Bürger ihres Landes für dumm? Meine Antwort ist: Solange die Mehrzahl der Bürger glaubt, sie werde durch die „Tagesschau" und das „Heute Journal" gut informiert und nicht selbst kritisch recherchiert, ist kaum etwas zu befürchten. Die kritische Intelligenz fürchtet man anscheinend nicht besonders. Im Notfall kann man sie ja als Verschwörungstheoretiker diffamieren. Fragen sich die Politiker, denen wir den Lockdown zu verdanken haben, nicht, ob man **ihnen** nicht irgendwann vorwerfen wird, selbst einer Verschwörungstheorie von einem Killer-Virus auf den Leim gegangen zu sein?

- **Epidemien oder andere unsichtbare Bedrohungen sind ein ideales Mittel zur Machtausweitung oder der Machterhaltung.** Da saßen die Politologen und die Soziologen an den Universitäten wohl mit offenen Mündern vor dem Fernseher, als das Infektions-Eindämmungsgesetz in zwei Tagen vom Parlament abgesegnet wurde. Ein Gesetz, das zur Kategorie der Notstandgesetze oder Ermächtigungsgesetze gehört. Leider bekamen sie danach den Mund nicht wieder auf, um die Sache beim Namen zu nennen oder dagegen zu protestieren. Doch kommen wir zu den wirklich Mächtigen und zu dem Phänomen der Macht selbst. Zu den vielen Kapitel über das Wesen der Macht, über Machterhalt und Machterweiterung, die seit Machiavellis Buch: „Il Principe" (Über die Macht des Fürsten), geschrieben wurden, muss ein neues hinzugefügt werden, das den Titel tragen könnte: „Wie man durch Viren oder andere unsichtbare Bedrohungen Macht erhalten und erweitern kann". Herr Spahn hätte sich bei Amtsantritt sicher nicht träumen lassen, dass er durch Viren einmal zum zweitmächtigsten Politiker in Deutschland aufsteigen würde. Man erinnere sich: vor der Epidemie lagen die Wahlprognosen der CDU bei ungefähr 25 %, die der SPD bei ungefähr 15 %. Die Macht der Groko war mehr als bedroht. Doch zwei Monate nach dem Epidemie-Ausbruch liegen die Werte der CDU über 40% und die der SPD bei 17%. Für beide Parteien war die Epidemie also ein Glücksfall oder die letzte Möglichkeit, doch noch an der Macht zu bleiben. Und alle Politiker, die

Machtverlust durch fehlende Akzeptanz im Volk befürchten, haben jetzt eine spezielle neue Büchse der Pandora unter dem Bett stehen. Man öffnet den Deckel und erklärt irgendeine Gruppe der Billionen von Viren und Bakterien, die im und auf dem menschlichen Körper leben, für eine tödliche Gefahr. Praktischerweise befinden sich in dieser speziellen Büchse schon die Tests, mit denen man das Virus nachweisen kann und auch die geeigneten Gegenmaßnahmen. Die letzteren holt man nach einiger Zeit aus dem Koffer und lässt sich als Retter feiern. Es ist zu einfach, um wahr zu sein, oder? (Um keinen falschen Verdacht aufkommen zu lassen: Ich bin kein Verschwörungstheoretiker, sondern ein Systemtheoretiker.).

- **Mangelnde Wertschätzung demokratischer Kontrolle.** Die aus Politikern, Wirtschafts-und Medienvertretern bestehende „Macht-Cloud" hat in Deutschland wie in allen anderen Ländern kein besonderes Interesse an Kontrolle. Doch ich glaube, sie waren alle überrascht, dass die Oppositionsparteien noch nicht einmal versuchten eine demokratische Kontrollinstanz in das Infektionsgesetz einzubauen oder es zeitlich zu begrenzen. Das wird den Respekt vor der demokratischen Gewaltenteilung nicht gestärkt haben. Der Glaube wird vielleicht gewachsen sein, dass es nur darauf ankomme, eine effektive Exekutive zu haben, wobei dann das, was effektiv ist, möglichst von der „Cloud" selbst bestimmt wird.

- **Kollateralschäden unterliegen nicht meiner Verantwortlichkeit.** Anscheinend halten es die beiden hauptverantwortlichen Politiker: Merkel und Spahn für völlig ausgeschlossen, dass sie sich eines Tages für all das menschliche und wirtschaftliche Leid, das sie über Deutschland gebracht haben, vor einem Gericht oder Untersuchungsausschuss verantworten müssen. Wenn sie sich da nicht mal irren. Ich gehe nämlich davon aus, dass wir nicht im ersten Halbjahr 2020 eine gravierende Übersterblichkeit haben werden, sondern im zweiten Halbjahr, wenn die Todesfälle wegen Covid 19 wahrscheinlich sehr zurückgegangen sein werden. Was ist mit all den psychisch Kranken, die im zweiten Halbjahr behandelt werden müssen, was mit der Zunahme der Selbstmorde? Was ist mit all den Menschen, die aufgrund der Maßnahmen im März und April nicht operiert werden konnten und deshalb versterben. (Man rechnet mit weit über 5000 Toten, nach einer Recherche des Innenministeriums). Was ist mit all den Menschen, die erkranken werden, weil sie sich nicht mehr trauten zum Arzt zu gehen? Was ist mit dem zusätzlichen Gewicht durch Corona-Pfunde, das viele Menschen nach der langen Zeit der erzwungenen Passivität mit sich herumschleppen und durch die sie nicht gesünder geworden sind? Was ist mit all den Fällen von häuslicher Gewalt? Was mit den Jugendlichen und Kindern, die therapeutische Hilfe brauchen werden? Was mit der Verzweiflung der Menschen, die Insolvenz anmelden mussten? Was ist mit den neuen

Arbeitslosen und Kurzarbeitern? Ich möchte nicht in der Haut dieser Politiker stecken, die das zu verantworten haben. Sie kommen aber so selbstzufrieden und selbstgewiss daher, dass man annehmen muss, sie freuten sich schon auf den Orden: „Retter des Vaterlandes". Wenn sie sich da mal nicht irren.

- **Gesteigerter Gestaltungswillen.** Wie man sicher gut nachvollziehen kann, fällt es mir im konkreten Fall schwer, darin auch etwas Positives zu sehen. Denn die Haupt-Gestaltungsleistung der Regierung bestand darin, die Gesellschaft zumindest vorübergehend in einen Obrigkeitsstaat verwandelt zu haben, in dem die Macht nicht mehr vom Volke, sondern vom Staat ausgeht. Aber ich muss zugestehen, dass sich anscheinend der Mut der Politiker generell vergrößert hat, schnell und konsequent zu gestalten.

Man hat den Eindruck, dass viele Ministerien nun die Chance ergreifen, in der Corona-Zeit Gesetze auf dem Weg zu bringen, die sonst vielleicht noch Jahre von Schreibtisch zu Schreibtisch gewandert wären. Dies ist allemal besser, als das unentschlossene Herumgewurschtel, das man von der Groko sonst so gewöhnt ist. Vor Corona schienen alle vor allem mit der Frage beschäftigt zu sein, wie man bei der nächsten Wahl doch noch wiedergewählt werden könne.

Auch in der sogenannten „Fleischkrise", in Zusammenhang mit Infektionsherden in einigen Schlachtbetrieben, zeigt sich eine neue Bereitschaft, Missstände konkret anzusprechen und anzuprangern. Doch leider zeigte sich auch dort wieder das durchgängige Prinzip, nicht bei den Rahmenbedingungen der unternehmerischen Tätigkeit anzusetzen, sondern beim Einzelnen. SPD-Minister und die Grünen fordern eine neue Fleischsteuer („Schnitzelsteuer"), damit die Bürger korrektes Biofleisch kaufen und nicht das Billigfleisch der Einkaufsketten, das aus den besagten Schlacht- und Verwertungsindustrien (Tönnies und co.) kommt.

Schlussbetrachtungen

Grundannahme dieses Buches ist, dass es in der Gesellschaft immer darauf ankommt, wie das Verhältnis zwischen Individuum und Staat gestaltet ist. Wie immer eine Gesellschaft konkret organisiert sein mag, so lassen sich doch alle Staatsformen zwischen zwei konträren Grundausrichtungen einordnen. Es handelt sich dabei um zwei gegensätzliche Gesellschaftsverträge. Radikal vereinfacht kann man die Gesellschaftskonzepte danach unterscheiden, ob die Legitimation des Staates von der Menge der Individuen, dem Volk, abgeleitet wird, oder ob die Funktion des Einzelnen vom Staat abgeleitet wird. Im ersten Fall sieht der Gesellschaftsvertrag (siehe die Gesellschaftstheorie von J.J. Rousseau oder J. Rawls) so aus, dass die Einzelwesen den Staat beauftragen, Rahmenbedingungen zu schaffen, in denen die Individuen ihren eigenen Lebensentwürfen in möglichst großer Sicherheit und größter Vielfalt nachgehen können. (Ab nun auch als **Typ I** bezeichnet). Logisch ergibt sich daraus die Verpflichtung zur sozialen Verantwortung. Man muss dem Staat Mittel und eigene Arbeit zur Verfügung stellen, damit er seinen Aufgaben nachkommen kann. Nicht mehr und nicht weniger. Die Demarkationslinie für den Staat ist dabei die Freiheit des Einzelnen; für die Einzelwesen liegt die Demarkationslinie in der Freiheit des Anderen und in seiner Vertragserfüllung gegenüber dem Staat. Das ist die Grundlage jeder demokratischen Republik. Wie heißt es im Grundgesetz: „Alle Macht geht vom Volk aus."
In der zweiten Konzeption sieht der Gesellschaftsvertrag

ganz anders aus. Hier verpflichten sich die Einzelwesen ihr Verhalten nicht nach eigenen Plänen, sondern nach den Bedürfnissen und Anordnungen des Staates zu richten. (**Typ II**). Eine radikale Version einer solchen Gesellschaft ist der Ameisenstaat, in dem das Handeln der Einzelwesen nur auf das Wohl der Gemeinschaft ausgerichtet ist. Doch auch in menschlichen Völkern gibt und gab es solche Staatskonzepte, die den Wert des Einzelnen nur in Bezug auf den Staat bestimmen. Typisch dafür waren die kommunistischen Regime, die Hitlerdiktatur oder zur Zeit zum Beispiel das Regime in Nordkorea. In der Sowjetunion wurde der Einzelne nur in seiner Funktion für den Aufbau des Kommunismus gesehen, in der Nazidiktatur sollte der Einzelne sich nur in der Funktion für die eigene Rasse sehen. Dies führte zu schrecklichem Leid für Millionen Einzelwesen, sei es durch Krieg, Vertreibung, Umsiedlung oder systematische Vernichtung. In einer Gesellschaft, in der der Einzelne gegenüber dem Ganzen im Prinzip nichts zählt, ist immer damit zu rechnen, dass die Menschenrechte mit Füssen getreten werden. Darüber hinaus hat die Gesellschaftskonzeption des Typ II noch einen weiteren gravierenden Mangel. In modernen Gesellschaften, vor allem in Deutschland, beruht wirtschaftliche Stärke fast immer auf technischen Innovationen. Dies ist hauptverantwortlich für die Weiterentwicklung und Anpassungsfähigkeit des Staates. Doch der „technische Fortschritt" ist nicht planbar. Er bedarf der Kreativität und der geistigen Abenteuerlust der Individuen. Und diese Fähigkeiten gedeihen nur, wenn man Menschen Freiräume lässt, anders zu denken, sich auszuprobieren, aus der Reihe zu tanzen, im Denken und Handeln Neues zu wagen. Jede neue wissenschaftliche

Theorie entsteht auch heute noch durch abweichendes Denken und den Mut daran zu glauben. Daraus kann man zurecht folgern, dass demokratische Gesellschaftstypen, die ihre Legitimation von der Freiheit des Einzelnen ableiten, autoritären Staaten überlegen sind. Hinzu kommt, dass in demokratischen Staaten, in denen „die Macht vom Volk ausgeht" ein gewaltloser Regierungswechsel der Normalfall ist, ganz anders als in Diktaturen oder anderen autoritären Staatsformen.

Das erste Ergebnis aus meinen Analysen zum gesellschaftlichen Zustand Deutschlands war: Nach der kurzen Zeit der größeren Freiheit in den 60igern und 70igern, in denen Regeln und Reglementierungen grundsätzlich in Frage gestellt und zum Teil außer Kraft oder abgeschafft wurden, begann eine Zeit der **schleichenden Zunahme der Reglementierungen der Individuen**, die sich ab den 90iger Jahren immer mehr beschleunigte. Der Grundannahme des Buches folgend, bewegt sich Deutschland immer mehr in Richtung des Gesellschafts-Typs II, einer neuen Art von Obrigkeitsstaat, in dem sich die Politiker nicht mehr am Bürger orientieren, sondern an den Machtverhältnissen der „Macht-Cloud".

Ein weiteres Ergebnis war, dass sich die Zunahme der Reglementierungen in der Regel auf die Masse der Individuen bezieht, nicht aber auf die großen Wirtschafts-Player. Dort setzte man verstärkt auf Deregulierung. Aus der sozialen Marktwirtschaft verschwand dabei immer mehr das „Soziale" und es entstand der Turbo-Kapitalismus der heutigen Zeit.

Die Frage, wieso die meisten Bürger dies ohne größeren Widerstand hinnahmen, führte zu der Vermutung, dass die Bürger aufgrund von zunehmendem Alltagsstress und fehlender Geborgenheit im eigenen Land ein starkes Bedürfnis nach Entlastung entwickelten. Für die meisten wird das durch die Flut der Bilder aus Fernsehen und durch Dauerbeschallung mit Musik oberflächlich gewährleistet. Tatsächlich handelt es sich in meinen Augen um eine Form von Selbstbetäubung. In den letzten Jahrzehnten übernehmen immer mehr „hilfreiche Apps" die Funktion der Entlastung, die eigenständiges Handeln durch gelenktes Handeln ersetzen.

Daraus ergibt sich der Verdacht, dass, wenn die Menschen sich mehr und mehr daran gewöhnen, dass der Staat oder Apps ihr Verhalten regulieren, sie dadurch systematisch daran gewöhnt werden, Freiheit gegen Sicherheit, und Selbstbestimmung gegen Bequemlichkeit einzutauschen.

Die Verstärkung des Prozesses ergibt sich daraus, dass in vielen Bereichen des gesellschaftlichen Lebens die Form immer wichtiger wird als der Inhalt. Das habe ich als Primat der Form oder als den Verlust der Inhalte bezeichnet. Durch diese Orientierung werden die Menschen immer lenkbarer, da Formen fast beliebig manipulierbar sind.

Daraus folgt für mich, dass Menschen, die sich daran gewöhnt haben, fremdbestimmt zu handeln und die sich mehr für die Form als für die Inhalte interessieren, dann auch so behandelt werden. Das Volk wird dann als lenkbare Masse gesehen, sei es zum Zwecke des Konsums oder der Wahlentscheidung.

Daraus ergibt sich für mich die Gefahr, dass der Staat, dem solche Bürger gegenüberstehen, geradezu verleitet wird, sich als Erzieher, Lenker und Regulierer des Volkes zu sehen. Es entsteht ein Kreislauf aus abnehmender Selbstbestimmung des Bürgers und zunehmender Machterweiterung der Politik. Dadurch wird die beschriebene Verschiebung im Spannungsfeld Individuum-Staat beschleunigt.

In der Corona-Krise bewahrheite sich meine Befürchtung, dass der schleichende Wandel der Verhältnisse irgendwann in einen tatsächlichen Qualitätssprung münden könnte. In der Corona-Krise verwandelte sich der Staat tatsächlich in einen Obrigkeitsstaat, in dem wenige Regierungsmitglieder 80 Millionen Bürgern vorschrieben, wie sie sich zu verhalten haben. Die Geltung dieser Notstandsgesetze, die als Infektionsschutz-Gesetze bezeichnet wurden, wurde auf das Ende der Infektionsgefahr terminiert. Da dieses Ende aber durch die Politiker selbst bestimmt wird, gelten sie erst einmal unbegrenzt. Zudem ist zu bedenken, dass Menschen sich sehr schnell und gerne an zusätzliche Macht gewöhnen.

Diese Verschiebung unserer Gesellschaft entspricht nicht der Vorstellung, die die Väter des Grundgesetzes von einem neuen deutschen, demokratischen Staat hatten: Ein Staat, der seine Macht vom Volk ableitet und in dem die Macht durch Gewaltenteilung und

durch eine freie, unabhängige Presse begrenzt und kontrolliert wird.

Ich nehme an, dass sowohl die Bürger als auch der Staat auf die Dauer mit dieser Entwicklung nicht glücklich sein werden.
Der Glaube anscheinend vieler Bürger, durch Abgabe demokratischer Rechte und der Reduzierung von Eigenständigkeit und Selbstverantwortung Entlastung und Sicherheit zu erlangen, steht auf sehr wackeligen Füssen. Die Erfahrungen der Geschichte zeigen, dass gerade die Bürger solcher Gesellschaften in besonderer Gefahr sind, als „Kanonenfutter" für was auch immer missbraucht zu werden. Doch auch der Staat dürfte langfristig von dieser zunehmenden Lenkung und Reglementierung der Bürger nicht profitieren. Ein Land, das vor allem auf die kreative Leistungsfähigkeit seiner Bürger angewiesen ist, wie Deutschland, handelt kontraproduktiv, wenn es seine Bürger ans Gängelband und die Selbstständigen und kleinen Unternehmen in den Würgegriff der Bürokratie nimmt.

Zu Beginn meiner Arbeit an diesem Buch wollte ich erkennen, wieso ich mich in dieser Gesellschaft immer weniger wohl, gar unbehaglich fühlte. Aus Beobachtungen und Gesprächen wurde mir klar, dass ich damit nicht allein stand. Immer mehr Menschen scheinen sich in diesem Land, das für viele Menschen in ärmeren Ländern ein Paradies zu sein scheint, nicht mehr wohl und nicht mehr zu Hause zu fühlen. Das einzige, gegenteilige Argument, was in Gesprächen oft übrigblieb, war, dass es anderswo noch viel schlechter sei. Kein wirkliche

Begeisterung signalisierendes Argument! Je mehr ich mich dann analytisch mit den Strukturen und deren Veränderungen beschäftigte, desto klarer wurde, dass es sich nicht um ein psychologisches Problem, sondern um tatsächliche, gesellschaftliche Strukturveränderungen handelte, die dem verbreiteten Unbehagen zu Grunde lagen. **Die Corona-Krise** bestätigte dann meine allgemeinen Befürchtungen und erhellte meine Analysen.

Da Pessimismus keine gute Lebenseinstellung ist, musste ich mir dann die Frage stellen: **Was ist zu tun?** Die Ideen, die ich dazu entwickelte, möchte ich hier nur kurz andeuten und mich auf einige beschränken. Ich bitte Sie, diese als Anregungen für einen dringend notwendigen Diskurs über eine Neugestaltung unserer Gesellschaft im Rahmen des Grundgesetzes zu sehen.

Beginnen möchte ich, der aktuellen Krise geschuldet, mit einem Vorschlag zum Infektionsschutz-Gesetz.

Einbau von demokratischen Kontrollen in das Infektionsschutz-Gesetz. Juristisch liefe das auf eine Erweiterung des Gesetzes hinaus. Eigentlich bin ich der Meinung, dass dieses Gesetz komplett zurückgenommen werden sollte. Gesetze kann man zurücknehmen, Wahlentscheidungen nicht. Doch diese Hoffnung ist unrealistisch, da das einem Schuldbekenntnis der Verantwortlichen gleich käme. Deshalb schlage ich vor, dass das Gesetz um einen Passus erweitert wird, indem ein verbindliches Kontrollsystem installiert wird, das vielleicht aus dem Ältestenrat des Bundestag bestehen könnte, und das gegen Maßnahmen, die mit dem

Grundgesetz kollidieren, Einspruch erheben kann. Dieser Einspruch sollte dann nur mit einer 2/3 Mehrheit des Bundestag zurückgewiesen werden können.

Änderung des Wahlrechts. Um der Gestaltungsaufgabe gerecht zu werden, halte ich einen Wahlzyklus von 4 Jahren für zu kurz. Nach 2 Jahren schielen die Parteien im alten Wahlmodus meist schon danach, wie sie ihre Machtposition bei den Wahlen zwei Jahre später halten können. Damit Politiker unbelastet durch anstehende Wahlen ihrer Gestaltungsaufgabe nachgehen können, sollten alle Landtagswahlen am gleichen Tag durchgeführt werden.

Zudem schlage ich, wie im Buch erläutert, ein **plurales Wahlrecht** vor, indem nicht alle Stimmen gleich sind, der Zugang zu „höherwertigen Stimmen" aber für Alle offen ist.
Ich denke, eine regelmäßige, verbindliche Befragung der Bevölkerung mittels digitaler Abstimmung zu Gesetzesvorlagen würde die Politiker zwingen, den Bürger wieder mehr als die entscheidende Bezugsgröße zu betrachten. Formen von **direkter Demokratie** sind heute technisch machbar.

Vorschläge zur Kontrolle der Macht durch Gewaltenteilung

a) Änderung des Rundfunkgesetzes. Im Rundfunkrat sollte sich die Diversität der Gesellschaft widerspiegeln, die Politiker aber keinen Einfluss haben. Zum anderen fordere ich das generelle Verbot von Werbung im öffentlich-rechtlichen Rundfunk. Werbung könnte durch Info-Sendungen über Vor- und Nachteile der Produkte ersetzt werden.

b) Sicherung der Unabhängigkeit der überregionalen Zeitungen durch gesetzlich festgelegte Zuwendungen aus Steuermitteln, um die Redakteure unabhängig von überregionalen Anzeigen von Konzernen zu machen.

c) Ernennung der Staatsanwälte durch ein von der Politik unabhängiges Gremium, das vielleicht aus den Leitern der Fachschaften Jura der Universitäten gebildet werden könnte.

d) Fraktionszwang unter Strafe stellen. Das wird sicher schwer zu kontrollieren sein, doch es sollte damit jedem Abgeordneten des Bundestages klar sein, dass Fraktionszwang nicht mit dem Grundgesetz zu vereinbaren ist.

Verbesserung von Qualität und Kompetenz der Politiker. Während sich bisher Politiker in der Regel durch Parteiarbeit qualifizieren, bei der sie vor allem lernen, sich anzupassen und sich für die Mächtigen interessant zu machen, halte ich ein verbindliches Studium des „**Studium generale**", das von vielen Unis angeboten wird, für angebracht.

Errichtung eines nationalen Internets. In der Corona-Krise wurde deutlich, dass es eine Plattform geben muss, auf der man sich auch aus alternativen Quellen informieren kann. Auch diese nationale oder europäische

Plattform sollte ohne jede Werbung aus Rundfunkgebühren finanziert werden. Eine Ethik- Kommission, in der keine Politiker oder Wirtschaftsvertreter sitzen sollten, könnte die Angemessenheit der Beiträge dann auf Antrag bewerten. Es ist für mich kein Grund ersichtlich, wieso man weiter akzeptieren sollte, dass zur Zeit nur amerikanische Firmen den deutschen Markt der „Social Media" beherrschen. Eine Alternative wäre in jedem Fall wünschenswert.

Deregulierung des Alltagslebens von Bürgern und Unternehmern.
Ich ahne, dass ich mich der Kritik aussetze, es sei ja ein Widerspruch, die zunehmende Reglementierung zu beklagen und auf der anderen Seite aber verstärkte Regulierungen zu fordern. Die Lösung des anscheinenden Widerspruchs besteht darin, dass ich mich gegen die staatliche Lenkung der Masse der Individuen wende, aber nicht gegen die stärkere Sanktionierung der Menschen, die sich rücksichtslos und unverantwortlich verhalten und ich fordere dort das Ende der Deregulierung, wo kapitalistische Gewinninteressen das Allgemeinwohl bedrohen. Zusammengefasst könnte man sagen: **Mehr Freiheit für die Individuen, mehr Regulierung für den Markt und eine stärkere Begrenzung und Kontrolle der Macht des Staates.**
Als Denkanstoß nun zwei Beispiele: Stellen Sie sich bitte einmal vor, in allen Städten würden die Parkverbote komplett aufgehoben.
Viele werden jetzt wahrscheinlich die Vermutung haben, dass das dann das totale Chaos ausbrechen würde. Doch ist das wirklich zu erwarten? Man hat in einigen Städten

Versuche gemacht, Kreuzungen, an denen trotz Ampeln immer wieder Unfälle passierten, dadurch zu entschärfen, indem man die Ampeln entfernte. Und siehe da, es passierten nicht mehr, sondern weniger Unfälle.

Zweites Beispiel: Statt zu beklagen, dass das Fleisch zu billig sei, könnte man Unternehmer, die in den Arbeitsbedingungen gegen die Menschenwürde verstoßen und die in der Art des Umgangs mit Tieren gegen die Würde der Natur verstoßen, und die dadurch einen gesamtgesellschaftlichen Schaden verursachen, mit ihrem gesamten Vermögen haftbar machen.

Nun zu kurzen Konkretisierungen der von mir geforderten stärkeren Regulierung der Kapital- und Finanzwirtschaft!

Will man vermeiden, dass eine neue Finanzkrise unser Land erschüttert, dann bedarf es der Regulierung der Geschäftsbanken. Ihre Möglichkeiten Giralgeld zu schöpfen und im Finanzsektor zu spekulieren, müssen radikal begrenzt werden. Dies mit einem sogenannten „Vollgeld" zu versuchen, wie das in der Schweiz initiiert wird, wäre ein erster Schritt. (Die Banken dürfen dabei nur das Geld verleihen, dass sie wirklich haben. Dadurch wäre dann die Zentralbank allein verantwortlich für die Steuerung der Geldmenge.).

Im Bereich der Real-Wirtschaft wird meiner Meinung nach der deutschen Politik nichts anderes übrigbleiben, als durch staatliche Beteiligung an Großkonzernen auch Einfluss auf deren Geschäftstaktik zu nehmen. Es sollten dann aber nicht Politiker selbst in den Aufsichtsräten sitzen, sondern durch Politiker bestellte Wissenschaftler.

Die Auswüchse der Globalisierung könnten dadurch bekämpft werden, dass der Übernahme deutscher Firmen durch ausländische Investoren oder Spekulanten Grenzen gesetzt werden.

Kommen wir zu der Titelfrage dieses Buches: Hinter oder über allen Beschreibungen, Analysen und Ideen in den einzelnen Kapiteln dieses Buches stand die Frage nach der Freiheit. Welchen Wert und welche Realisierungsmöglichkeiten hat sie in dieser deutschen Gesellschaft nach den 60igern überhaupt noch? Das unschöne Ergebnis der Analysen war, dass sie anscheinend sowohl für die Politiker als auch für viele Bürger immer mehr hinter Bequemlichkeits- Sicherheits- und Machtdenken zurücktreten musste, und sich dadurch unser Gesellschaftstyp immer mehr verschob.

Will man die persönliche und die gesellschaftlich-politische Freiheit erhalten, dann bedarf es politischer Strukturveränderungen. In welche Richtung das gehen könnte, habe ich in vorstehenden Abschnitten angedeutet. Aber leider ist es damit nicht getan. Freiheit ist etwas, um das auch der Einzelne Tag für Tag kämpfen muss; angefangen bei sich selbst. Wenn man zur Freiheit zurückfinden möchte, dann muss man sich damit auseinandersetzen, wie man lebt. Diese Reflexion kann zu sehr unangenehmen Konsequenzen führen, vor denen viele Menschen sicher zurückschrecken werden. Wenn dies aber nicht geschieht, werden wir den Kampf verlieren. Eine demokratische Gesellschaft aus fremdgesteuerten Menschen, die vor allem an Bequemlichkeit und Konsum interessiert sind, ist auf

Dauer nicht vorstellbar. So wie die Ursachen für die immer schneller voranschreitende Transformation sowohl auf Seiten des Individuums als auch des Staates liegen, so müssen auch die Gegenbewegungen an beiden Seiten ansetzen.
Dies verlangt eine geistige Anstrengung, die nicht kompatibel ist mit dem Motto: „Hauptsache ihr habt Spaß".
Darauf müssten die Heranwachsenden systematisch vorbereitet werden. Das kann im Prinzip vor allem durch die Schulen geleistet werden. Deshalb schlage ich vor, dass ein Fach, vielleicht mit dem traditionellen Namen: **„Staatsbürger-Kunde",** für alle Schulformen und alle Abschlussprüfungen verbindlich sein sollte.

Betrachtet man die Entwicklung der letzten Jahrzehnte, so sieht man, dass es immer mehr Verlockungen gibt Eigenverantwortung abzugeben. Doch meiner philosophischen Haltung nach gehe ich davon aus, dass dieses bequemere, aber unfreiere Leben einen tendenziell unglücklich macht, weil sich in diesem Leben nicht das verwirklicht, was wir eigentlich sind, nämlich zur Freiheit befähigte Wesen.

Meine Antwort auf die **Titelfrage,** wollen wir überhaupt noch frei sein, ist also:

Wir sollten es wollen.

Die Bürger, weil die Freiheit nicht nur ein Geschenk der Natur, sondern auch eine Verpflichtung ist.

Der Staat, weil man nicht den Ast absägt, auf dem man sitzt.

Ich möchte mit einem Zitat aus dem Film: **„Fluch der Karibik"**, Teil 3, schließen:

„Es gibt immer Hoffnung, solange auch nur ein Narr dazu bereit ist, dafür zu kämpfen"

Zum Autor: Mein Name ist Elano und ich lebe, um das zu sein, was ich bin und das zu tun, was ich kann.

Elano Boddenberg: Akademischer Philosoph, Sozialwissenschaftler, Pädagoge und Buchautor

Kontakt: ElanoBodd@aol.com oder 015118352556

Printed in Poland
by Amazon Fulfillment
Poland Sp. z o.o., Wrocław